כתבא קדישא
לפינלאנדיא

תְּאוֹמָא לֵוִיָּא

Käännös ja kommentit: Tuomas Levänen, Piikkiö
Kannen suunnittelu ja taitto: Matti Lahtinen,
Nehemia media
Kustantaja: Nehemia media, Turku, 2018
Painopaikka: Books on Demand GmbH, Noderstedt, Saksa
Isbn: 978-952-7111-08-6

Pyhät kirjoitukset suomalaisille

Matteuksen evankeliumi

Evankeliumi Matteuksen mukaan

Teksti itsessään todistaa, ettei sitä ole käännetty mistään tunnetusta kreikan tekstistä. Jätin kreikan vertailut tästä pois, ainakin toistaiseksi. Tarkoitettu lähinnä suomalaisille raamatun tutkijoille, toivottavasti tästä on apua edes yhdelle ihmiselle. Suomennettu joulukuu 2013 – kesäkuu 2014. Kielelliset korjaukset ja tarkistukset alkuvuodesta 2018.

Tuomas Levänen

Tämä kirjan lähde on Aramea-Suomi interlineaari, Matteuksen evankeliumi, jonka sujuvakielisestä tekstistä teos on koostettu. Teos sisältää varsinaisen Matteksen evankeliumin tekstin lisäksi osan Tuomas Leväsen kommenteista. Leväsen kommentit on merkitty lihavoinnilla.

Matti Lahtinen

1. luku

1. Abrahamin pojan, Davidin pojan, Messias Jeshuan syntymän kirjoitus.
2. Abraham sai Iisakin, Iisak sai Jakobin, Jakob sai Jehudan ja hänen veljensä.

Sai, on sanatarkasti "aloitti, synnytti".

3. Jehuda sai Paretsin ja Zerahin Tamarista. Parets sai Chetsronin, Chetsron sai Aramin.
4. Aram sai Amminadabin. Amminadab sai Nachassonin. Nachasson sai Salmonin.
5. Salmon sai Boazin, Rahabista. Boaz sai Oobedin, Ruuthista. Oobeid sai Ishain.
6. Ishai sai Davidin, sen kuninkaan. David sai Shlimonin, Uurian vaimosta.
7. Shlimon sai Rehoboamin. Rehoboam sai Abian. Abia sai Asan.
8. Asa sai Jehosafatin. Jehosafat sai Joramin. Joram sai Uzian.
9. Uzia sai Jothamin. Jotham sai Ahazin. Ahaz sai Hiskian.
10. Hiskia sai Manassen. Manasse sai Ammonin. Ammon sai Josian.
11. Josia sai Jeokonjan ja hänen veljensä Babelin vankeudessa.
12. Mutta Babelin vankeuden jälkeen Jeokonja sai Shaltielin. Shaltiel sai Zorobabelin.
13. Zorobabel sai Abiodin. Abiod sai Eljakimin. Eljakim sai Azurin.
14. Azur sai Zadokin. Zadok sai Akinin. Akin sai Eljodin.
15. Eljod sai Eliezerin. Eliezer sai Mattanin. Mattan sai Jakobin.
16. Jakob sai Josefin, Mirjamin miehen, sillä hänestä sai alkunsa Jeshua, jota kutsutaan "Messias".
17. Sen tähden oli sukupolvia Abrahamista Davidiin saakka neljätoista sukupolvea, ja Davidista Babelin vankeuteen saakka neljätoista sukupolvea, ja Babelin vankeudesta Messiaaseen saakka neljätoista sukupolvea.
18. Mutta Messias Jeshuan syntynsä oli näin; kun hänen äitinsä Mirjam oli kihlattu Josefille, ennen heidän liitton-

sa voimaan tulemista, havaittiin hänen olevan raskaana pyhyyden hengestä.

19. Mutta Josef, hänen herransa, oli vanhurskas, eikä tahtonut häntä paljastaa, ja ajatteli, että salaisesti eroaisi hänestä.

20. Mutta kun hän näitä ajatteli, hänelle ilmestyi unessa Herran Jumalan enkeli, ja sanoi hänelle, "Josef, Davidin poika, älä pelkää ottaa Mirjamia vaimoksesi, sillä hän, joka on saanut alkunsa hänessä, on pyhyyden hengestä".

21. Mutta hän saa pojan, ja hän on kutsuva hänen nimekseen "Jeshua", sillä hän on pelastava oman kansansa heidän synneistään.

Oikeastaan "elävöittävä" eikä "pelastava". Antava elämän; "synnin palkka on kuolema".

22. Mutta tämä kaikki tapahtui, että täyttyisi se, mitä oli sanottu Herrasta, profeetan kautta.

23. Katso, neitsyt hedelmöittyy, ja saa pojan, ja hänen nimekseen kutsutaan "Immanueil", joka käännetään "meidän Jumalamme on meidän kanssamme".

24. Mutta kun Josef nousi unestaan, hän teki sen mukaan, mitä Herran Jumalan enkeli oli käskenyt, ja hän otti hänet omaksi vaimokseen.

25. Eikä yhtynyt häneen, kunnes hän synnytti esikoisen, poikansa, ja hän kutsui hänen nimekseen Jeshua

2. luku

1. Mutta kun Jeshua syntyi, Jehudean Beit-Lechemissä, kuningas Herodeksen päivinä, tuli idästä tietäjiä Jerusalemiin.

2. Ja he sanoivat, "missä on se Jehudian kuningas, joka syntyi? Sillä me näimme hänen tähtensä idässä, ja olemme tulleet häntä palvomaan".

3. Mutta kuningas Herodes kuuli sen, ja tuli levottomaksi, ja koko Jerusalem hänen kanssaan.

4. Ja hän kokosi kaikki johtavat papit, ja kansan kirjurit,

ja kysyi heiltä, että "missä Messias syntyy?"

5. Mutta nämä sanoivat, "Jehudian Beit-Lechemissä, sillä näin on kirjoitettu profeetan kautta:"

6. "Myös sinä, Jehudian Beit-Lechem, et ollut sinä vähäinen Jehudian kuninkaissa, sillä sinusta on nouseva se kuningas, joka on paimentava minun kansaani, Israelia".

7. Sitten Herodes kutsui tietäjät salaa, ja hän sai heistä selville, mihin aikaan tähti oli heille ilmestynyt.

8. Ja hän lähetti heidät Beit-Lechemiin ja sanoi heille, "menkää, tiedustelkaa siitä lapsesta huolella, ja kun olette löytäneet hänet, tulkaa, näyttäkää minulle; minäkin aion mennä palvomaan häntä".

9. Mutta kun he kuulivat tämän kuninkaalta, he menivät, ja katso; se tähti, jonka he olivat nähneet idässä, se kulki heidän edellään, kunnes se seisahtui sen paikan ylle, jossa tuo poikalapsi oli.

10. Mutta kun he näkivät sen tähden, he iloitsivat todella valtavalla ilolla!

11. Ja he astuivat sisään siihen taloon, ja näkivät lapsen, äitinsä Mirjamin kanssa, ja lankesivat alas ja palvoivat häntä, ja avasivat annettavansa, ja lahjoittivat hänelle lahjoja; kultaa ja mirhaa ja suitsukkeita.

12. Ja heille näytettiin unessa, että heidän ei tulisi palata Herodeksen luokse, ja he menivät toisen tien kautta omalle maalleen.

13. Mutta kun he menivät, Herran Jumalan enkeli näyttäytyi unessa Josefille, ja sanoi hänelle, "nouse, ota poikalapsi ja hänen äitinsä, ja pakene Egyptiin, ja pysy siellä, kunnes minä sanon sinulle. Sillä Herodes on lähtevä etsimään tätä poikalasta, tuhotakseen hänet".

14. Mutta Josef nousi, otti poikalapsen ja hänen äitinsä, yöllä, ja pakeni Egyptiin.

15. Ja hän oli siellä Herodeksen kuolemaan saakka, että täyttyisi asia, joka on sanottu Herrasta Jumalasta, sen profeetan kautta, joka sanoo, että "Egyptistä minä kutsuin poikani".

16. Sitten, kun Herodes näki, että tietäjät olivat pilkan-

neet häntä, hän raivostui suuresti, ja lähetti tappamaan kaikki Beit-Lechemin poikalapset, ja sen seudulta kaikki kaksivuotiaat ja sen alle olevat pojat, sen ajan mukaan, jonka hän oli saanut selville niistä tietäjistä.

17. Silloin täyttyi se, mitä on puhuttu profeeta Jeremian kautta, joka sanoo:

18. "Ääni kuullaan Ramthassa, itku ja suuri valitus; Rachel itkee lastensa tähden, eikä tahdo lohdutusta, koska niitä ei ole".

19. Mutta kun kuningas Herodes kuoli, Herran enkeli näyttäytyi Josefille unessa, Egyptissä.

20. Ja sanoi hänelle, "nouse, ota lapsi ja hänen äitinsä, ja mene Israelin maahan, sillä he ovat kuolleet, nämä, jotka etsivät tuon lapsen sielua".

21. Ja Josef nousi, otti lapsen ja hänen äitinsä, ja hän tuli Israelin maahan.

22. Mutta kun hän kuuli, että Arkelaus oli kuningas Jehudassa, isänsä Herodeksen sijaan, hän pelkäsi mennä sinne, ja hänelle näytettiin unessa, että menisivät Galilean maakuntaan.

23. Ja hän tuli kaupunkiin, jota kutsutaan "Natsareth", että täyttyisi se asia, joka on sanottu profeetan kautta, että häntä tullaan kutsumaan "Netsria".

3. luku

1.Mutta niinä päivinä tuli Johannan, kastaja, ja hän saarnasi Jehudian erämaassa.

Erämaa on tässä "Hooreb", joten voi tarkoittaa sitä aluettakin. Jossain aramean tekstissä sanat ovat eri järjestyksessä, loppu jakeen alussa, mutta critical ja khabouris kirjoittavat tässä järjestyksessä.

2.Ja hän sanoi, "kääntykää, taivasten kuningaskunta on tullut!"

Thabu on takaisin palaamista, kääntymistä.

3. Sillä tämä on hän, josta on sanottu profeetta Ishaia'n kautta, "huutavan ääni erä-

maassa – valmistakaa Herran tie, ja tasoittakaa hänen polkunsa".

4. Sillä tämä oli Johannan. Hänen vaatteensa olivat kamelin karvaa, ja nahkavyöllä vyötetty lantiolta, ja hänen ruokansa oli heinäsirkat ja maan hunaja.

5. Silloin meni hänen luokseen Jerusalem, ja kaikki Jehuda, ja kaikki se maakunta, joka on Jordanan'in ympäristössä.

6. Ja he tulivat hänen kastamikseen, Jordananin virrassa, kun he olivat tunnustaneet syntinsä.

7. Mutta kun hän näki, että farisealaisista ja zadokialaisista tuli paljon kasteelle, hän sanoi heille, "te käärmeiden jälkeläiset, kuka opetti teitä pakenemaan sitä vihaa, joka on tulossa?"

8. Sen tähden, tuottakaa sellaista hedelmää, joka on parannukseen sopivaa!

9. Älkääkä ajatelko, ja sanoko sieluissanne, että "Abraham on meidän isämme" – sillä minä sanon teille, että Jumala pystyy näistä kivistä kohottamaan Abrahamille lapsia!

10. Mutta katso; kirves on asetettu puun juurelle, sen tähden jokainen puu, joka ei tuota hyvää hedelmää, kaadetaan, ja se lankeaa tuleen.

11. Minä kastan teitä vedessä, parannukselle, mutta hän, joka tulee minun jälkeeni, on minua mahtavampi, sillä minä en ole arvollinen noutamaan hänen kenkiäänkään. Hän kastaa teitä pyhyyden hengessä ja tulessa.

12. Hän, jolla on lyömäase kädessään, ja hän puhdistaa puintipaikkansa, ja vehnän hän kokoaa omiin aittoihinsa, ja oljet hän polttaa tulessa, joka ei sammu.

13. Silloin Jeshua tuli Galileasta Jordananille Johannanin luokse, hänen kastettavakseen.

14. Mutta hän, Johannan, kieltäytyi ja sanoi hänelle, "minähän tarvitsen, että sinä kastaisit minut, ja sinä olet tullut minun luokseni!"

15. Mutta hän, Jeshua, vastasi ja sanoi hänelle, "salli tämä nyt, sillä meille on oikein, että täytämme kaiken vanhurskauden". Ja silloin hän salli sen hänelle.

16. Mutta heti, kun Jeshua oli kastettu, kohosi hän vedestä, ja hänelle avattiin taivaat, ja näkyi Jumalan henki, joka laskeutui kuin kyyhkynen, ja tuli hänen päälleen.

Kyyhkynen on "Joona" arameaksi. Profeetta Joona oli kotoisin Galileasta, aramean kieliseltä alueelta, joten tämä todennäköisesti nimen oikea kirjoitustapa.

17. Ja katso, ääni taivaista, joka sanoi, "tämä on minun rakas poikani, johon olen mielistynyt".

Sanatarkasti mielistynyt on "tahtoni mukainen". Viittaus 1. Sam. 13: 14.

4. luku

1. Silloin Jeshua johdatettiin, pyhyyden hengestä, erämaahan, paholaisen kiusattavaksi.
2. Ja hän paastosi neljäkymmentä päivää ja neljäkymmentä yötä, mutta sen jälkeen oli nälkäinen.
3. Ja hän, kiusaaja, tuli lähelle ja sanoi hänelle, "jos sinä olet Jumalan poika, sano, että nämä kalliot muuttuvat leiväksi".
4. Mutta hän vastasi ja sanoi, "kirjoitettu on, ettei ihminen ole elävä ainoastaan leivän kautta, vaan jokaisen sanan kautta, joka lähtee Jumalan suusta".
5. Sitten paholainen vei hänet pyhään kaupunkiin ja asetti hänet seisomaan temppelin katon päälle.
6. Ja sanoi hänelle, "jos olet Jumalan poika, heitä sielusi alas, sillä kirjoitettu on, että hän on käskevä enkeleitään sinusta, ja käsiensä päällä he sinua kantavat, ettet satuta jalkaasi kallioon".
7. Jeshua sanoi hänelle, "taas on kirjoitettu, että älä kiusaa Herraa, sinun Jumalaasi".
8. Taas paholainen vei hänet hyvin korkealle vuorelle, ja näytti hänelle kaikki maailman kuningaskunnat ja niiden loiston.
9. Ja sanoi hänelle, "nämä kaikki minä annan sinulle, jos rukoilet palvoen minua".

10. Silloin Jeshua sanoi hänelle, "poistu, satana, sillä kirjoitettu on, että Herraa, sinun Jumalaasi palvo, ja häntä ainoastaan rukoile".

Suomalaisessa "kumartaa" ja "palvella". Kreikassa kaksi eri sanaa, molempien merkitys "worship". Seemiläisissä kielissä "palvominen" on aina maahan kasvoilleen kumartumista, ei mitään musiikkiin liittyvää, niin kuin se on meidän aikanamme tulkittu.

11. Silloin paholainen jätti hänet, ja katso, enkelit tulivat lähelle, ja palvelivat häntä.
12. Mutta kun Jeshua kuuli, että Johannan oli vangittu, meni hän Galileaan.
13. Ja hän jätti Natsaretin, ja tuli asumaan Kapr-Nachum'iin, meren sivulle, Zebulonin ja Naftalin alueelle.
14. Että täyttyisi se asia, joka on puhuttu profeetta Ishaia'n kautta, joka sanoo:
15. Zebulonin maa, Naftalin maa, meren tie, Jordananin risteys, kansakuntien Galilea,
16. Kansa, joka istuu pimeydessä, näkee suuren valkeuden, ja nämä, jotka istuvat siinä maakunnassa, ja kuoleman varjossa, heille koittaa valkeus.

Jesaja 9 alusta. Profetian toteutuminen ei tule käännöksissä esiin. Valkeus on Messias, Dan. 2: 22 mukaan, ja Kefr-Nachum, "Naahumin muistomerkki", oli profeetan haudan ja muistomerkin ympärille rakennettu kylä. Jeshua asui kirjaimellisesti "kuoleman varjossa".

17. Siitä lähtien Jeshua alkoi saarnaamaan, ja sanomaan, "kääntykää, sillä taivasten kuningaskunta on tullut lähelle!"
18. Ja kun hän oli kulkemassa Galilean meren vierellä, näki hän kaksi veljestä; Shimeon, jota kutsuttiin "Keefa", ja Andreos, hänen veljensä, jotka olivat heittämässä verkkoja merellä, sillä he olivat kalastajia.
19. Ja Jeshua sanoi heille, "tulkaa minun perässäni, ja

minä teen teistä ihmislasten kalastajia".

20. Mutta he jättivät heti verkkonsa, ja menivät hänen perässään.

21. Ja kun hän kulki sieltä, hän näki toiset kaksi veljeä, Jakob, Zebadi'n poika ja Johannan, hänen veljensä, veneessä isänsä Zebadin kanssa, jotka järjestelivät verkkojaan, ja hän kutsui heitä.

22. Mutta heti he jättivät veneen ja heidän isänsä, ja menivät hänen perässään.

23. Ja Jeshua matkusteli kaikessa Galileassa, ja hän opetti heidän kokouspaikoissaan, ja saarnasi kuningaskunnan toivon sanomaa, ja paransi kansassa kaikki sairaudet ja heidän heikkoutensa.

24. Ja hänen hyvyydestään kuultiin kaikessa Syyriassa, ja hänelle tuotiin kaikki, monenlaisia tauteja sairastavat tautiset, ja nämä, jotka olivat ahdistetut tuskiensa tähden, ja riivatut ja mielisairaat, ja halvaantuneet, ja hän paransi heidät.

25. hänen kanssaan kulki paljon väkijoukkoja, Galileasta ja sen kymmenen kaupungin alueelta, ja Jerusalemista ja Jehudasta, ja Jordanani

5. luku

1. Mutta kun Jeshua näki kokoontumisen, hän nousi vuorelle, ja kun hän istui, hänen oppilaansa tulivat hänen luokseen.

2. Ja hän avasi suunsa ja opetti, ja sanoi heille;

3. Hänen siunauksiaan hengessä köyhille, että heidän on taivasten kuningaskunta.

Miskena on köyhä. Tg Deut. 15: 11, Tg Koh. 4: 13, Tg Prov. 22: 7. Hengessä köyhä on aramean sanonta, joka on ylpeyden vastakohtaa. Koko jaejakso menee sanatarkasti siinä muodossa, että, "hänen siunauksensa köyhille..."

4. Hänen siunauksiaan sureville, että he saavat lohdutuksen.

5. Hänen siunauksiaan nöyrille, että he saavat periä maan.

6. Hänen siunauksiaan niille, joilla on nälkä ja jano puhtauden puoleen, että heidät ravitaan.
7. Hänen siunauksiaan armollisille, että heidän ylleen tulisi armoja.
8. Hänen siunauksiaan niille, jotka ovat sydämissään puhtaat, että he saavat nähdä Jumalan.
9. Hänen siunauksiaan rauhantekijöille, että heitä kutsutaan Jumalan lapsiksi.
10. Hänen siunauksiaan niille, joita vanhurskauden tähden vainotaan, että heidän on taivasten kuningaskunta.
11. Hänen siunauksiaan teille, kun teitä pilkataan ja ajetaan takaa, ja teistä puhutaan kaikkia pahoja sanoja, minun tähteni, valheessa.
12. Iloitkaa ja riemuitkaa silloin, sillä teidän palkkanne taivaissa on suuri, sillä näin ajettiin takaa niitä profeettoja, jotka olivat ennen teitä.
13. Te olette maan suola. Mutta jos se, joka on suola, menettää makunsa, millä sitten suolataan? Ei se kelpaa mihinkään – vaan se heitetään ulkopuolelle, ja ihmisten tallattavaksi.
14. Te olette maailman valo. Vuoren päälle rakennetun kaupungin ei ole mahdollista kätkeytyä.
15. Eikä valaisevia lamppuja laiteta korin alle, vaan lampunjalkaan, ja nämä valaisevat kaikkia niitä, jotka ovat siinä huoneessa.
16. Näin teidän valonne valaisee ihmislasten edessä, että he näkisivät teidän hyvät tekonne, ja ylistäisivät teidän isäänne, joka on taivaissa.
17. Älkää luulko, että olen tullut vapauttamaan kirjoitetusta sanasta tai profeetoista. En tullut vapauttamaan, vaan tekemään täydelliseksi.
18. Sillä amen, minä sanon teille, että kunnes taivaat ja maa katoavat, kirjoitetusta sanasta ei katoa yksikään jud, eikä yksikään piirto, ennen kuin kaikki tapahtuu.

Sertaa, "piirto", merkitsee lähinnä jotain masoreettista painomerkkiä.

19. Sen tähden on jokainen, joka rikkoo yhtä näistä pienistä käskyistä, ja näin opettaa ihmislapsia, vähäiseksi

Matteus 5.

15

kutsuttava taivasten kuningaskunnassa, mutta jokainen, joka tekee ja opettaa näin, on suureksi kutsuttava taivasten kuningaskunnassa. 20. Sillä minä sanon teille, että ellei teidän vanhurskautenne ole enemmän, kuin kirjanoppineiden ja fariseusten, te ette astu sisään taivasten kuningaskuntaan.

Josefus kirjoittaa fariseusten olevan kaikista taitavimpia kirjoitusten selityksessä ja noudattamisessa, sekä harrastavan paljon hyväntekeväisyyttä. Juutalaissodat, Osa 2, luku 8, ym

21. Te olette kuulleet, että ennen on sanottu, "älä tapa", ja jokainen, joka tappaa, on syyllinen tuomiolle.
22. Mutta minä sanon teille, että jokainen, joka ilman syytä vihastuu veljeensä, on syyllinen tuomiolla, ja jokainen, joka sanoo veljelleen, "syljen sinua!", on syyllinen kokouksen edessä, ja joka sanoo, "sinä hullu!", on syyllinen tuliseen Gehennaan.

Sama sanamuoto jokaisessa. Ei siis voi sanoa, että "tuomitaan Gehennaan", silloinhan pitäisi sanoa myös, että "tuomitaan kokoukseen". Kokous, kenistha, on ensisijaisesti seurakunnan kokous UTn teksteissä. Kreikka käyttää sanhedrinia, mutta aramea ei tee tällaista rajoitetta. Sylkemisen verbi on sillä tavalla erikoinen, että jos reshin jälkeen on jud, saamme "turha, tyhjänpäiväinen", joka on ollut kreikan kääntäjän ajatuksena. Sinänsä huono tulkinta, koska seuraavassa "hullu" on jo jotain vastaavaa. Sylkemisestä sama sana mm. Joh.9:6, jossa Jeshua sylkee maahan. Talmudissa on pitkiä lukuja sylkemisestä ja siihen liittyvästä käyttäytymisestä.

23. Sen tähden, sinä, jos tuot lahjaasi alttarille, ja siellä muistat, että veljelläsi on jotain kaunaa sinua vastaan,
24. Jätä lahjasi sinne alttarin eteen, ja mene ensin sopimaan veljesi kanssa, ja tule, ja sitten tuo lahjasi.

25. Pyri sopimaan vastustajasi kanssa pikaisesti, kun teet matkaa hänen kanssaan, ettei vastustajasi veisi sinua tuomarille, ja tuomari sinua veisi veronkerääjälle, ja ettet joutuisi vankihuoneeseen.

Matka arameassa on sama kuin heprean Torah. Jumalan sanan asioiden äärellä etenemistä.

26. Ja amen, minä sanon sinulle, että sieltä et pääse ulos, ennen kuin olet antanut viimeisenkin rahasi.
27. Te olette kuulleet, että on sanottu, "älä tee aviorikosta".
28. Mutta minä sanon teille, että jokainen, joka katsoo vaimoa, kuin himoiten häntä, samalla hetkellä omassa sydämessään rikkoo avion.
29. Mutta jos oikea silmäsi saa sinut kompastumaan, irrota se ja heitä se pois luotasi, sillä sinulle on varjelusta, että yksi jäsenistäsi hukkuu, ettei koko ruumiisi lankea Gehennaan.

Varjelus, p'kach, merkitsee myös läpimurtoa, avoimuutta, jonkinlaista heräämistä ja pakoon pääsyä

30. Ja jos sinun oikea kätesi saa sinut kompastumaan, poista se, heitä pois luotasi, sillä sinulle on varjelusta, että yksi jäsenistäsi hukkuu, ettei koko ruumiisi lankea Gehennaan.
31. Sanottu on, että joka eroaa vaimostaan, antakoon hänelle kirjallisen erokirjan.
32. Mutta minä sanon teille, että jokainen, joka eroaa vaimostaan muun kuin haureuden sanan tähden, tekee hänelle aviorikoksen, ja kuka ottaa hylätyn *naisen*, rikkoo avion.
33. Taas te olette kuulleet, että ennen on sanottu, että "älä valehtele vannoessasi, vaan täytä valasi Herralle, Jumalalle".
34. Mutta minä sanon teille, älkää lainkaan vannoko; älkää taivasten kautta, joka on Jumalan valtaistuin.
35. Eikä maan kautta, joka on tuoli hänen jalkojensa alla, eikä myös Jerusalemin

17

kautta, joka on suuren kuninkaan kaupunki.

36. Älä myös vanno oman pääsi kautta, sillä et sinä pysty tekemään siinä yhtäkään hiustesi karvaa mustaksi tai valkoiseksi.

37. Vaan olkoon teidän sananne, "kyllä, kyllä" ja "ei, ei"; sen yli menevä on pahasta.

38. Te olette kuulleet, että on sanottu, "silmä silmästä ja hammas hampaasta".

39. Mutta minä sanon teille, että älkää nousko vastustamaan pahaa, vaan kuka lyö sinua oikealle poskellesi, käännä hänelle myös toinen.

40. Ja kuka tahtoo kanssasi käydä oikeutta ja ottaa takkisi, jätä hänelle myös päällysviittasi.

41. Kuka pakottaa sinua yhden mailin, mene hänen kanssaan kaksi.

Laitoin maili, koska siinä lukee "mile" – sama sana kuin englannin kielessäkin.

42. Anna hänelle, joka sinulta pyytää, ja kuka sinulta tahtoo lainata, älä häneltä kiellä.

43. Te olette kuulleet sanottava, että rakasta lähimmäistäsi ja vihaa vastustajaasi.

44. Mutta minä sanon teille; rakastakaa vastustajianne, siunatkaa niitä, jotka kiroavat teitä, ja tehkää sitä, mikä on kaunista, niille, jotka teitä vihaavat, ja rukoilkaa niiden puolesta, jotka ottavat teidän omaanne väkisin, ja teitä ajavat takaa.

45. Siten te olette taivaallisen isänne lapsia, hänen, joka antaa aurinkonsa nousta hyville ja pahoille, ja antaa sateensa laskeutua vanhurskaille ja väärille.

46. Sillä jos te rakastatte niitä, jotka teitä rakastavat, mitä se teitä hyödyttää? Katso, eivätkö myös veronkerääjät tee samoin?

47. Ja jos te toivotatte rauhaa ainoastaan veljillenne, mitä erityistä te teette? Katso, eivätkö myös veronkerääjät tee samoin?

48. Sen tähden, olkaa te täydelliset, niin kuin teidän isänne, joka on taivaissa, on täydellinen.

6. luku

1. Mutta pitäkää huoli, ettette harjoita vanhurskauttanne ihmislasten edessä, että te heille näkyisitte, silloin teillä ei ole oleva palkkaa teidän isänne luona, joka on taivaissa.
2. Sen tähden, silloin, kun te teette vanhurskautta, älkää puhalluttako torvea edessänne, niin kuin puolueelliset tekevät kokouksissa ja kaduilla, että ihmislapset heitä ylistäisivät, ja amen, minä sanon teille, että he ovat saaneet palkkansa.
3. Mutta kun sinä teet vanhurskautta, älköön vasen tietäkö, mitä oikeasi tekee.
4. Että sinun vanhurskautesi olisi kuin salassa, ja sinun isäsi, joka salassa näkee, hän on sinut palkitseva julkisesti.
5. Ja kun te rukoilette, älkää olko kuin puolueelliset, jotka rakastavat seisoa kokouksissa ja katujen kulmissa, rukoillen, että ihmislapset näkisivät heidät, ja amen, minä sanon teille, että he ovat palkkansa saaneet.
6. Mutta kun sinä rukoilet, astu sisään kammioosi ja lukitse ovesi, ja rukoile isääsi, joka on salassa, ja isäsi, joka salassa näkee, on palkitseva sinut julkisesti.
7. Ja kun te rukoilette, älkää olko monisanaisia, niin kuin pakanat, sillä he toivovat, että paljon puhumisen kautta heitä kuullaan.
8. Sen tähden, älkää olko heidän kaltaisiaan, sillä teidän isänne tietää, mikä on teille tarpeen, ennen kuin häneltä pyydättekään.
9. Sen tähden rukoilkaa te näin; Isä meidän, joka olet taivaissa. Pyhitetty olkoon sinun nimesi.

Tämä rukous löytyy sanasta sanaan useimmista Siddurteoksista. Shemoneh Esrei, iltarukous

10. Tulkoon sinun kunigaskuntasi. Tapahtukoon sinun tahtosi niin taivaissa, kuin myös maan päällä.
11. Anna meille tänä päivänä se leipä, jota tarvitsemme.
12. Ja anna meille meidän syyllisyytemme anteeksi, niin kuin me myös annamme

anteeksi niille, jotka ovat meitä kohtaan syyllisiä.
13. Äläkä johdata meitä kiusaukseen, vaan päästä meidät pahasta, koska sinun on kuningaskunta, ja voima ja ylistys, aina ja iankaikkisesti.
14. Sillä jos te annatte ihmislapsille anteeksi heidän virheensä, myös teidän isänne, joka on taivaissa, antaa teille anteeksi.
15. Sillä jos te ette anna ihmislapsille anteeksi, ei myös teidän isänne anna teille anteeksi teidän virheitänne.
16. Mutta kun te paastoatte, älkää olko kuihtuneen näköisiä, niin kuin puolueelliset, sillä he turmelevat kasvonsa näyttäessään ihmislapsille paastoamistaan. Ja amen, minä sanon teille, että he ovat saaneet oman palkkansa.
17. Mutta kun sinä paastoat, pese kasvosi ja voitele pääsi.
18. Kuin etteivät ihmislapset näkisi, että sinä paastoat, vaan sinun isäsi, joka on salassa. Ja sinun isäsi, joka salassa näkee, hän on sinut palkitseva.
19. Älkää kootko itsellenne aarteita maan päälle, missä koit ja ruoste turmelevat, ja missä varkaat murtautuvat sisään ja varastavat.
20. Vaan kootkaa itsellenne aarteet taivaisiin, missä ei koi eikä ruoste turmele, ja missä varkaat eivät murtaudu sisään eivätkä varasta.
21. Sillä siellä, missä on teidän aarteenne, siellä on myös teidän sydämenne.
22. Silmä on ruumiin lamppu. Sen tähden, jos silmäsi on oikeamielinen, myös koko ruumiisi on valaistu.
23. Mutta jos sinun silmäsi on paha, koko ruumiisi on oleva pimeyttä. Sen tähden, jos se valo, joka sinussa on, onkin pimeyttä, millainen onkaan sinun pimeytesi!
24. Ihminen ei pysty palvelemaan kahta herraa, tai hän vihaa yhtä ja rakastaa toista, tai kunnioittaa yhtä ja halveksii toista. Te ette voi palvella Jumalaa ja mammonaa.
25. Tämän tähden minä sanon teille; älkää huolehtiko sieluistanne, mitä syömme ja mitä juomme, älkääkä ruumiistanne, mitä puette päällenne, katso, eikö sielu ole suurempi kuin ateriat, ja

ruumis enemmän kuin vaatteet?

26. Katsokaa taivasten lintuja, jotka eivät kylvä eivätkä niitä, eivätkä kokoa aittoihin, ja teidän isänne, joka on taivaissa, on heidän suojelijansa. Katso, etteko te ole suuremmat kuin ne?

27. Mutta kuka teistä pystyy huolehtimisellaan kasvattamaan omaa pituuttaan yhtäkään kyynärää?

28. Ja miksi te huolehditte vaatetuksesta? Ajatelkaa kedon liljoja, kuinka ne kasvavat, eivätkä raada, eivätkä kehrää.

29. Mutta minä sanon teille, että ei edes Shlimon kaikessa loistossaan ollut niin vaatetettu, kuin yksi näistä.

30. Mutta jos Jumala näin vaatettaa kedon ruohon, joka tänään on, ja huomenna laitetaan uuniin, eikö hän anna teille enemmän, te uskollisuudessa vähäiset?

31. Sen tähden, älkää huolehtiko, tai sanoko, mitä söisimme, tai mitä joisimme, tai millä vaatettaisimme.

32. Sillä kaikkea tätä kansakunnat etsivät, mutta teidän isänne, joka on taivaissa, tietää, että kaikki nämä ovat myös teille tarpeellisia.

33. Mutta etsikää ensin Jumalan kuningaskuntaa, ja hänen vanhurskauttaan, ja kaikki nämä lisätään teille.

34. Älkää sen tähden huolehtiko huomisesta, sillä huominen pitää huolen itsestään. Jokaiselle päivälle riittää oma pahansa.

7. luku

1. Älkää tuomitko, ettei teitä tuomita.

2. Sillä millä tuomiolla te tuomitsette, teidät tuomitaan, ja millä mitalla te mittaatte, teille mitataan.

3. Mutta miksi sinä näet tiku veljesi silmässä, etkä huomaa poikkipuuta omassa silmässäsi?

4. Tai kuinka sinä sanot veljellesi, "salli minun poistaa tikku sinun silmästäsi", ja katso, omassa silmässäsi on poikkipuu!

5. Sinä tekopyhä, poista ensin se poikkipuu omasta silmästäsi, ja silloin huomaat poistaa sen tikun, joka on veljesi silmässä.

6. Älkää laittako korvakoruja koirille, älkääkä heittäkö helmiänne sikalauman eteen, etteivät ne tallaa niitä jalkoihinsa, ja käänny kapinaan teitä vastaan.

Kudasha on korvakorut. Myös arabia menee tämän mukaan. Ripustamisesta sama verbi mm. Matt. 18: 6, jossa myllynkivi laitetaan kaulaan

7. Pyytäkää, ja teille annetaan. Etsikää, ja te löydätte. Kolkuttakaa, ja teille avataan.
8. Sillä jokainen, joka pyytää, saa, ja joka etsii, löytää, ja sille, joka kolkuttaa, avataan.
9. Tai kuka teidän keskellänne on mies, jolta hänen poikansa pyytää leipää – miksi hän ojentaisi hänelle kiven?
10. Tai pyytää häneltä kalaa – miksi hän ojentaisi hänelle käärmeen?
11. Ja sen tähden, jos te, jotka olette pahoja, tiedätte antaa lapsillenne hyviä lahjoja, kuinka paljon enemmän teidän isänne, joka on taivaissa, on antava hyvää niille, jotka häneltä pyytävät.

12. Kaikki, mitä te tahdotte, että ihmislapset teille tekevät, samoin te myös tehkää heille, sillä tämä on kirjoitettu sana ja profeetat.
13. Astukaa sisään kapeasta portista! Leveä on se portti, ja tilava on se tie, mikä johtaa kadotukseen, ja monet ovat ne, jotka sen kautta menevät.
14. Kuinka ahdas onkaan se portti, ja kapea se tie, joka johtaa elämään, ja harvat ovat ne, jotka sen löytävät.
15. Varokaa valheen profeettoja, jotka tulevat luoksenne lampaiden vaatteissa, mutta sisältä ovat väkivaltaisia susia.
16. Mutta heidän hedelmistään te heidät tunnette. Kootaanko orjantappuroista viinirypäleitä, tai ohdakkeista viikunoita?
17. Niin jokainen hyvä puu tekee kaunista hedelmää, mutta paha puu tekee pahaa hedelmää.
18. Hyvä puu ei pysty tekemään pahaa hedelmää, eikä paha puu tekemään hyvää hedelmää.

19. Jokainen puu, joka ei tee hyvää hedelmää, kaadetaan, ja se lankeaa tuleen.
20. Heidän hedelmistään te siis tunnette heidät.
21. Ei jokainen, joka sanoo minulle, "herrani, herrani", astu sisään taivasten kuningaskuntaan, vaan joka tekee minun taivaallisen isäni tahdon.
22. Monet sanovat minulle sinä päivänä, "herrani, herrani, emmekö me sinun nimessäsi profetoineet, ja sinun nimessäsi ajaneet pois riivaajia, ja sinun nimessäsi tehneet monia taidollisia tekoja?"
23. Ja silloin minä julistan heille, että "aikojen alusta lähtien, minä en ole teitä tuntenut. Menkää pois minun luotani, te vääryyden palvojat!"

"Vääryyden palvojat"; Jastrow antaa palvonnasta merkityksen "worship". Pahuus on sellainen sana, jota käytetään mm. 5. Moos. 32: 6. Nämä ihmiset ylistävät ja palvovat, ja edustavat sitä, mitä Jumalassa ei ole. Kreikan "laittomuuden tekijät" antaa asiasta aivan eri käsityksen.

24. Sen tähden jokainen, joka kuulee nämä minun sanani, ja toteuttaa niitä, on viisaan miehen kaltainen, joka rakensi talonsa kallion päälle.
25. Ja sade laskeutui, ja tulvat tulivat, ja tuuli puhalsi, ja ne horjuttivat sitä taloa, eikä se sortunut, sillä sen perustukset oli asetettu kallion päälle.
26. Ja jokainen, joka kuulee nämä minun sanani, eikä niitä toteuta, on tyhmän miehen kaltainen, joka rakensi talonsa hiekan päälle.
27. Ja sade laskeutui, ja tulvat tulivat, ja tuuli puhalsi ja ne horjuttivat sitä taloa, ja se kaatui, ja sen sortuminen oli suuri.
28. Ja kun Jeshua oli lopettanut nämä sanat, väkijoukot ihmettelivät hänen opetustaan.
29. Sillä hän oli opettanut heitä niin kuin se, jolla on valta, eikä niin kuin heidän kirjanoppineensa, ja fariseukset.

8. luku

1. Mutta kun hän laskeutui vuorelta, häntä seurasi paljon kansaa.
2. Ja katso, yksi spitalinen tuli, kumarsi häntä ja sanoi, "minun herrani, jos sinä tahdot, sinä pystyt puhdistamaan minut".
3. Ja Jeshua ojensi kätensä, kosketti häntä ja sanoi, "minä tahdon, ole puhdistettu". Ja siinä hetkessä hän oli puhdistettu spitalistaan.
4. Ja Jeshua sanoi hänelle, "miksi näytät itsesi minulle, puhut ihmiselle? Mutta mene, näytä itsesi papille ja tuo se lahja, niin kuin Moshe käski, todistukseksi heille".
5. Mutta kun Jeshua tuli Kafr-Nachumiin, sinne saapui yksi sadanpäämies, ja etsi häntä sieltä.

Sadanpäämies, kenturion, on latinan lainasana. Aramea jättää tyylikkäästi ulkomaiset termit kääntämättä, niin, että tekstistä voi nähdä toisen osapuolen kansallisuudenkin.

6. Ja sanoi, "Herrani, minun poikani makaa talossa, ja hän lepää, ja on pahasti sairaana".
7. Jeshua sanoi hänelle, "minä tulen ja parannan hänet".
8. Tuo sadanpäämies vastasi, ja hän sanoi, "herrani, en minä ole sen arvoinen, että sinä kulkisit minun kattoni alla, vaan sano, ainoastaan sanan kautta, ja minun poikani paranee".
9. Sillä minä myös olen mies, joka on käskyvallan alla, ja sotilaat ovat minun käteni alla, ja minä sanon tälle, että "mene", ja hän menee, ja toiselle, että "tule", ja hän tulee, ja palvelijalle, että "tee tämä", ja hän tekee.
10. Mutta kun Jeshua kuuli, hän hämmästyi ja sanoi hänen kanssaan tulleille, "amen, minä sanon teille, että en ole edes Israelissa löytänyt tällaista uskollisuutta".
11. Mutta minä sanon teille, että monet tulevat idästä ja lännestä, ja sulkeutuvat Abrahamin, Iishakin ja Jakobin kanssa taivasten kunigaskuntaan.

12. Mutta kuningaskunnan omat lapset heitetään pimeyteen, ulkopuolelle. Siellä on oleva itku ja hampaiden kiristely.
13. Ja Jeshua sanoi tuolle sadanpäämiehelle, "mene, sinulle on tapahtuva niin kuin sinä uskot". Ja sillä hetkellä hänen poikansa parani.
14. Ja Jeshua tuli Shimeonin talolle, ja näki hänen anoppinsa makaamassa, ja kuume oli vallannut hänet.
15. Ja hän kosketti hänen kättään, ja kuume jätti hänet, ja hän nousi, ja palveli häntä.
16. Mutta kun oli ilta, hänen eteensä tuotiin monia riivattuja, ja hän ajoi heidän riivaajansa pois sanan kautta, ja kaikki nämä, jotka oli tehty sairaiksi, hän paransi.

Tässä on todellakin, että heidät oli tekemällä tehty sairaiksi

17. Siksi, että täyttyisi se asia, joka on sanottu profeetta Ishaian kautta, joka sanoi, että "hän on ottava meidän kipumme ja kantava meidän sairautemme".
18. Mutta kun Jeshua näki paljon väkijoukkoa, jotka ympäröivät häntä, hän käski, että he menisivät rannalle.
19. Ja yksi kirjanoppinut saapui, ja sanoi hänelle, "rabbi, minä tulen sinun seurassasi, minne menetkin".
20. Jeshua sanoi hänelle, "ketuilla on kolot, ja taivasten linnuilla pesät, mutta ihmisen pojalla ei ole, mihin päänsä asettaisi".
21. Mutta toinen hänen oppilaistaan sanoi hänelle, "minun herrani, salli minun ensin mennä hautaamaan isäni".
22. Mutta Jeshua sanoi hänelle, "tule minun perässäni, ja jätä kuolleiden hautaamiset kuolleille".
23. Ja kun Jeshua tuli veneelle, he nousivat siihen, oppilaidensa kanssa.
24. Ja katso, merellä oli suuri maanjäristys, niin että vene alkoi peittyä aalloista, mutta Jeshua nukkui.
25. Ja hänen oppilaansa tulivat herättämään häntä, ja sanoivat hänelle, "meidän herramme, pelasta meidät! Me hukumme!"

26. Jeshua sanoi heille, "miksi pelkäätte, te uskollisuudessa vähäiset?" Sitten hän nousi, ja nuhteli tuulta ja merta, ja oli suuri hiljaisuus.
27. Mutta ihmiset ihmettelivät ja sanoivat, "kuka tämä on, että tuuli ja meri häntä tottelevat?"
28. Ja kun Jeshua tuli toiselle puolelle, Gadarian maakuntaan, häntä vastaan tuli kaksi riivattua, jotka olivat tulleet ruumishuoneelta, erittäin pahoja, niin, ettei ihminen voinut kulkea sillä tiellä.
Ja he huusivat ja sanoivat, "mitä meillä ja sinulla on, Jeshua, Jumalan poika? Oletko tullut tänne kiduttamaan meitä ennen sitä aikaa?"
29. Mutta siellä oli, heistä kauempana, monien sikojen lauma, syömässä.
30. Mutta nämä riivaajat pyysivät häneltä ja sanoivat, "jos sinä ajat meidät ulos, salli, että menemme tuohon sikojen laumaan".
31. Jeshua sanoi heille, "menkää". Ja ne lähtivät heti, ja menivät sikoihin sisään, ja koko se lauma meni suoraan kallion päälle, ja ne putosivat veteen, ja kuolivat siihen veteen.
32. Mutta ne, jotka niitä ruokkivat, pakenivat ja menivät kaupunkiin, ja ilmoittivat kaikista tapahtuneista asioista ja näistä riivatuista.

Hamat Gaderin jyrkänteen alla oli roomalainen kylpylä kuumilla lähteillä; sikalauma putosi sinne.

33. Ja koko kaupunki lähti tapaamaan Jeshuaa, ja kun he näkivät hänet, he pyysivät, että hän poistuisi heidän alueeltaan.

9. luku

1. Ja hän nousi veneeseen, ja kulki yli, ja tuli omaan kaupunkiinsa.
2. Ja hänelle tuotiin halvaantunut, paareissa makaava. Ja Jeshua näki hänen uskollisuutensa, ja sanoi halvaantuneelle, "sido sydämeesi, poikani, sinun syntisi ovat anteeksi annetut".
3. Mutta eräs kirjanoppineista sanoi omassa sielus-

saan, "tämä pilkkaa Jumalaa".
4. Mutta Jeshua tiesi heidän ajatuksensa, ja sanoi heille, "miksi te suunnittelette pahaa sydämissänne?"
5. Sillä kumpi on helpompaa, sanoa, "sinun syntisi ovat anteeksi annetut", tai sanoa, "nouse, kävele".
6. Mutta että te tietäisitte, että ihmisen pojalla on valta maassa antaa synnit anteeksi, minä sanon tuolle halvaantuneelle, "nouse, ota paarisi, ja mene kotiisi!"
7. Ja hän nousi, meni kotiinsa.
8. Mutta kun väkijoukot näkivät tämän, he pelkäsivät ja ylistivät Jumalaa, joka oli antanut tällaisen vallan ihmislapsille.
9. Ja kun Jeshua kulki sieltä, hän näki miehen, joka istui veroja keräämässä, jonka nimi oli Mattai, ja sanoi hänelle, "tule perässäni", ja hän nousi ja meni hänen perässään.
10. Ja kun he aterioivat talossa, tulivat veronkerääjät ja monet syntiset aterioimaan Jeshuan kanssa, ja hänen oppilaidensa kanssa.
11. Ja kun fariseukset näkivät tämän, he sanoivat hänen oppilailleen, "miksi teidän rabbinne syö syntisten ja veronkerääjien kanssa?"
12. Mutta kun Jeshua kuuli, hän sanoi heille, "eivät terveet tarvitse lääkäriä, vaan nämä, jotka on tehty sairaiksi".
13. Menkää, oppikkaa, mitä tämä on, "armoa minä pyydän, enkä uhria". Sillä en minä ole tullut kutsumaan vanhurskaita, vaan syntisiä.
14. Silloin hänen luokseen tuli Johannanin oppilaita, ja he sanoivat, "miksi me ja fariseukset paastoamme paljon, ja sinun oppilaasi eivät paastoa?"
15. Jeshua sanoi heille, "kuinka häähuoneen lapset pystyvät paastoamaan, niin kauan kuin sulhanen on heidän kanssaan? Mutta ne päivät tulevat, kun sulhanen otetaan heiltä pois, ja silloin he paastoavat".
16. Ei kukaan laita uutta paikkaa vanhan takin päälle, ettei se revi sitä takkia, ja olisi suurempi repeämä.
17. Eikä uutta viiniä laiteta vanhoihin leileihin, etteivät

leilit halkea ja viini läiky, ja leilit rikkoudu, vaan uusi viini laitetaan uusiin leileihin, ja molemmat säästyvät.

18. Mutta kun hän oli puhumassa näitä heidän kanssaan, tuli yksi hallitusmies, kumarsi häntä ja sanoi, "minun tyttäreni on nyt kuollut, mutta tule, aseta kätesi hänen päälleen, ja hän saa elää".

Ruhtinas, arkhon, on kreikan lainasana, joten kyseessä on joku muu kuin juutalaisten hallitusmies.

19. Ja Jeshua nousi, ja hänen oppilaansa, ja he menivät hänen perässään.
20. Ja katso, vaimo, jolta hänen verensä oli vuotanut kaksitoista vuotta, tuli hänen takaansa, ja kosketti hänen pukunsa kulmaa.

Kreikkakaan ei puhu tupsuista, sellainen on kääntäjän tulkinta. Kulmassa "tupsu" kuitenkin oli. 4. Moos. 15: 38-39.

21. Sillä hän sanoi sielussaan, "jos vain kosketan hänen vaatettaan, minä paranen".
22. Mutta Jeshua kääntyi nähdessään hänet, ja sanoi hänelle, "tyttäreni, sido sydämeesi; sinun uskollisuutesi on tehnyt sinut eläväksi". Ja tuo vaimo parani siinä hetkessä.
23. Ja Jeshua tuli tuon hallitusmiehen talolle, ja näki itkijät, ja väkijoukon, joka oli levoton.
24. Ja sanoi heille, "antakaa tytön olla, sillä ei hän ole kuollut, vaan nukkuu". Ja he nauroivat hänelle.
25. Ja kun hän oli poistanut sen väkijoukon, ja hän yhdisti kätensä hänen ylleen, ja tyttö nousi.
26. Ja tämä hyvä sanoma kulki kaiken sen maan kautta.
27. Ja kun Jeshua kulki sieltä, häntä seurasi kaksi sokeaa, jotka huusivat ja sanoivat, "Davidin poika, armahda meitä!"
28. Ja kun hän oli tullut siihen taloon, nämä sokeat tulivat hänen lähelleen. Jeshua sanoi heille, "uskotteko te, että minä pystyn tekemään tämän?" He sanoivat hänel-

le, "kyllä, meidän herramme".

29. Silloin hän kosketti heidän silmiään, ja sanoi, "niin kuin te uskotte, teille tapahtukoon".

30. Ja heti heidän silmänsä avautuivat, ja Jeshua nuhteli heitä ja sanoi, "katsokaa, ettei kukaan saa tietää".

31. Mutta he lähtivät julistamaan kaikessa siinä maassa.

32. Ja kun Jeshua lähti, hänen luokseen tuotiin kuuromykkä, jolla oli demoni hänen yllään.

33. Ja se kuuromykkä, josta demoni lähti, puhui, ja väkijoukko hämmästyi ja he sanoivat, "tällaista ei ole milloinkaan nähty Israelissa!"

34. Mutta fariseukset sanoivat, "päädemonin kautta hän ajaa pois demoneja".

35. Ja Jeshua matkusteli kaikissa kaupungeissa ja kylissä, ja opetti heidän kokouspaikoissaan, ja julisti kuningaskunnan evankeliumia, ja paransi kaikki sairaudet, ja kaikki heikkoudet.

36. Mutta kun Jeshua näki väkijoukot, hän sääli heitä, sillä he olivat väsyneet ja eksyneet, kuin lampaat, joilla ei ole paimenta.

37. Ja hän sanoi oppilailleen, "sato on suuri, ja työntekijät harvat".

38. Sen tähden, pyytäkää sadonkorjuun herralta, että lähettää työntekijöitä sadonkorjuuseensa.

10. luku

1. Ja hän kutsui kaksitoista oppilasta, ja antoi heille vallan yli saastaisten henkien, että he ajavat niitä pois, ja parantaa kaikkea heikkoutta ja sairauksia.

2. Mutta heidän, jotka olivat ne kaksitoista apostolia, nimensä olivat; ensimmäisenä Shimeon, jota kutsutaan "Keefa", ja Andreos, hänen veljensä, ja Jakob, Zebadin poika ja hänen veljensä Johannan.

3. Ja Filippos ja Bar-Tolmai, ja Thoma ja Mattai, se veronkerääjä. Ja Jakob, Halfin poika, ja Levi, jota kutsuttiin "Thaddai".

4. Ja Shimeon, Kenania, ja Jehuda Skariota, hän, joka sai hänet ansaan.

5. Nämä kaksitoista Jeshua lähetti ja käski heitä ja sanoi, "älkää vaeltako tekopyhien tietä, älkääkä menkö Samarian kaupunkeihin".
6. Mutta menkää te erityisesti niiden eksyneiden lampaiden luokse, jotka ovat Israelin huoneesta.
7. Ja kun te menette, julistakaa, ja sanokaa, että taivasten kuningaskunta on tullut lähelle.
8. Parantakaa sairaat ja puhdistakaa spitaliset, ja ajakaa pois demonit. Ilmaiseksi te olette saaneet, ilmaiseksi antakaa.
9. Älkää varatko kultaa eikä hopeaa, eikä kuparia laukkuihinne.
10. Eikä tielle kukkaroa, eikä kahta takkia, eikä kenkiä, eikä sauvaa, sillä työntekijä on palkkansa arvoinen.
11. Mutta mihin kaupunkiin tai kylään te saavutte, kysykää, kuka siellä on arvollinen, ja pysykää siellä, kunnes lähdette.
12. Ja kun te astutte sisään taloon, lähettäkää Hänen rauhansa siihen taloon.
13. Ja jos se talo on arvollinen, teidän rauhanne on tuleva sen ylle, ja jos se ei ole arvollinen, teidän rauhanne on palaava teille.
14. Mutta joka ei ota teitä vastaan, eikä kuuntele sanojanne, lähtiessänne siitä talosta tai kylästä, ravistelkaa sen hiekatkin jaloistanne.
15. Ja amen, minä sanon teille, että Sdom'n ja Ammorran maiden on oleva helpompaa tuomion päivänä, kuin sen kaupungin.
16. Katso, minä lähetän teidät kuin lampaat susien keskelle. Sen tähden, olkaa ovelia kuin käärmeet, ja viattomia, kuin kyyhkyset.
17. Mutta varokaa ihmislapsia, sillä he vievät teitä tuomittaviksi, ja teitä ruoskitaan heidän kokouspaikoissaan.
18. Ja teitä viedään kuninkaiden ja hallitusmiesten eteen, minun tähteni, todistukseksi heille ja muille kansakunnille.
19. Mutta kun teidät pidätetään, älkää huolestuko, kuinka tai mitä puhuisitte, sillä teille annetaan siinä hetkessä, mitä tulee puhua.
20. Sillä ette te puhu, vaan teidän isänne henki puhuu teidän kauttanne.

21. Mutta veli on johdattava veljensä kuolemalle, ja isä poikansa, ja lapset nousevat vanhempiaan vastaan ja tappavat heidät.
22. Ja te olette kaikkien ihmisten vihattavia, minun nimeni tähden. Mutta joka kestää loppuun saakka, hän saa elää.
23. Kun teitä vainotaan tässä kaupungissa, paetkaa toiseen, sillä amen, minä sanon teille, että ette saa valmiiksi näitä kaikkia Israelin huoneen kaupunkeja, ennen kuin ihmisen poika tulee.
24. Oppilas ei ole suurempi kuin rabbinsa, eikä palvelija herrastaan.
25. Oppilaalle riittää, että hän on oleva kuin rabbinsa, ja palvelijalle kuin herransa. Jos huoneen herraa on kutsuttu yhdeksi Baal-Zebubiksi, kuinka paljon sitten hänen huoneensa lapsia?
26. Sen tähden, älkää pelätkö heitä, sillä ei ole mitään peitettyä, ettei se paljastuisi, eikä salattua, ettei tulisi tunnetuksi.
27. Ne asiat, mitä minä sanon teille pimeydessä, te sanokaa valossa, ja mitä korvillanne kuulette, julistakaa sitä katoilta.
28. Älkääkä pelätkö näitä, jotka tappavat ruumiin, mutta eivät sielua pysty tappamaan. Mutta pelätkää ennemmin häntä, joka pystyy sielun ja ruumiin tuhoamaan Gehennassa.
29. Eikö kahta varpusta myydä pennillä? Ja yksikään niistä ei putoa maan päälle ilman teidän isäänne.
30. Mutta myös teidän päänne hiukset ovat kaikki lasketut.
31. Älkää sen tähden pelätkö, te olette paljon enemmän kuin varpuset.
32. Sen tähden jokainen, joka tunnustaa minut ihmislasten edessä, myös minä tunnustan hänet minun isäni edessä, joka on taivaissa
33. Mutta joka kieltää minut ihmislasten edessä, hänet myös minä kiellän minun isäni edessä, joka on taivaissa.
34. Älkää ajatelko, että minä olen tullut tuomaan rauhaa maahan. En tullut tuomaan rauhaa, vaan miekkaa.
35. Sillä minä olen tullut jakamaan; mies isäänsä vas-

taan, ja tytär äitiään vastaan, ja morsian anoppiaan vastaan.
36. Ja ihmisen vastustajat ovat hänen oman talonsa lapsia.
37. Kuka rakastaa isää tai äitiä enemmän kuin minua, ei ole minulle arvollinen, ja kuka rakastaa poikaa tai tytärtä enemmän kuin minua, ei ole minulle arvollinen.
38. Ja jokainen, joka ei ota ristiään ja tule minun perässäni, ei ole minulle arvollinen.
39. Joka löytää sielunsa, menettää sen, ja kuka menettää sielunsa minun tähteni, on sen löytävä.
40. Joka ottaa teidät vastaan, ottaa minut vastaan, ja joka ottaa vastaan minut, ottaa vastaan hänet, joka on minut lähettänyt.
41. Kuka ottaa vastaan profeetan, profeetan nimessä, saa profeetan palkan, ja kuka ottaa vastaan vanhurskaan, vanhurskaan nimessä, saa vanhurskaan palkan.
42. Ja jokainen, joka antaa yhdelle näistä vähäisistä edes maljan kylmää vettä, oppilaan nimessä, amen, minä sanon teille, ettei hän ole menettävä palkkaansa

11. luku

1. Ja kun Jeshua oli lopettanut niiden kahdentoista oppilaansa käskemisen, hän lähti sieltä opettamaan ja julistamaan heidän kaupungeissaan.
2. Mutta kun Johannan oli vankilassa kuullut Messiaan teoista, hän lähetti oman kätensä kautta oppilaitaan.
3. Ja sanoi hänelle, "oletko sinä 'hän, joka tulee', tai odotammeko jotain toista?"
4. Jeshua vastasi heille ja sanoi, "menkää, kertokaa Johannanille nämä, mitä kuulette ja näette".
5. Sokeat näkevät ja rammat kävelevät, ja spitaliset puhdistuvat ja kuurot kuulevat, ja kuolleet nousevat ja köyhät saavat toivoa.
6. Hänen siunauksensa sellaiselle, joka ei minun kauttani kompastu!
7. Mutta kun he olivat menneet, Jeshua alkoi puhumaan väkijoukolle Johannanista, "mitä te lähditte

erämaahan katsomaan? Kaislaako, jota tuuli heiluttaa?"
8. Jos ette, mitä sitten? Lähdittekö katsomaan pehmeään viittaan pukeutuvaa miestä? Katso, nämä, jotka pehmeisiin pukeutuvat, ovat kuninkaan talossa.
9. Jos ette, mitä sitten? Lähdittekö katsomaan profeettaa? Aivan, minä sanon teille, ja enemmänkin kuin profeettaa!
10. Sillä tämä on hän, josta on on kirjoitettu, että "katso, minä lähetän minun sanansaattajani olemaan sinun edessäsi, valmistamaan eteesi tien".
11. Amen, minä sanon teille, että naisesta syntyneissä ei ole Johannan kastajasta suurempaa, mutta vähäinenkin taivasten kuningaskunnassa on häntä suurempi.
12. Mutta Johannan kastajan päivistä, ja siihen hetkeen saakka, taivasten kuningaskuntaa johdatetaan voimalla, ja väkivaltaiset varastavat sitä itselleen.

Roth on laittanut omaan käännökseensä tähän maininnan, että "varastavat" sitä keksimällä ja kaupittelemalla väärää "valtakuntaa".

13. Sillä kaikki profeetat ja laki profetoivat Johannan'iin saakka.
14. Ja jos te tahdotte; ottakaa vastaan, että hän on se Elia, joka oli tuleva.
15. Jolla on kuulevat korvat, kuulkoon.
16. Mutta mihin vertaan tätä sukupolvea? Se on kuin pojat, jotka istuvat kaduilla ja huutelevat kavereilleen.
17. Ja sanoivat, "me lauloimme teille, ettekä tanssineet, ja huusimme teille, ettekä olleet surullisia!"
18. Sillä Johannan tuli, joka ei syönyt eikä juonut, ja he sanoivat, "hänessä on demoni".
19. Ihmisen poika tuli, hän syö ja juo, ja he sanovat, "katso ,mikä mies, syömäri ja viinin juomari, ja veronkerääjien ja syntisten ystävä!" – Ja viisaus tulee vanhurskaaksi teoistaan.
20. Silloin Jeshua alkoi nuhtelemaan niitä kaupunkeja, joissa monet hänen voima-

tekonsa olivat tapahtuneet, eivätkä ne kääntyneet.

21. Ja hän sanoi, "voi sinua, Korazin, voi sinua, Beit-Tsaida! Jos Tsur'ssa ja Tsidon'ssa olisivat nämä voimat olleet, jotka teissä olivat, he varmasti olisivat kääntyneet, säkkipuvussa ja tuhkassa!"

22. Kuitenkin minä sanon teille, että Tsurille ja Tsidonille on oleva helpompaa tuomion päivänä kuin teille.

23. Ja sinä Kefr-Nahum, jota taivaisiin saakka korotettiin; tuonelaan saakka te laskeudutte! Jos nämä voimat, jotka sinussa olivat, olisivat olleet Sdomassa, se olisi pystyssä tänäkin päivänä.

24. Kuitenkin minä sanon sinulle, että Sdoman maan on tuomion päivänä oleva helpompaa, kuin sinun.

25. Siihen aikaan Jeshua vastasi ja sanoi, "minä kiitän sinua, isäni, taivaiden ja maan herra, että olet salannut nämä viisailta ja älykkäiltä, ja olet paljastanut näitä lapsille".

26. Niin, isäni, näin oli sinun tahtosi, sinun edessäsi.

27. Minun isäni on antanut kaiken minulle, eikä kukaan tunne poikaa, paitsi isä yksin, eikä myös isää tunne kukaan ihminen, paitsi poika, ja se, jolla poika tahtoo tämän paljastaa.

28. Tulkaa minun luokseni, te kaikki, jotka raadatte ja joita pakotetaan kantamaan taakkoja, ja minä annan teille levon.

29. Ottakaa minun ikeeni päällenne, ja oppikaa minusta, sillä minä olen sydämessäni nöyrä ja levollinen, ja te löydätte levon sieluillenne.

30. Sillä minun ikeeni on sopiva, ja minun kuormani on kevyt.

12. luku

1. Siihen aikaa Jeshua oli sapattina kävelemässä viljapellolla, ja hänen oppilaillaan oli nälkä, ja he alkoivat poimia tähkiä ja syödä niitä.

2. Mutta kun fariseukset näivät heidät, he sanoivat hänelle, "katso, sinun oppilaasi tekevät sellaista, mitä ei ole luvallista tehdä sapattina".

3. Mutta hän sanoi heille, "ettekö ole lukeneet, mitä

David teki, hänelle tuli nälkä, ja niille, jotka olivat hänen kanssaan?"

4. Kuinka hän meni sisään Jumalan huoneeseen, ja söi Herran, Jumalan pöydän leipää, sitä, jota ei ollut luvallista syödä hänelle ja niille, jotka hänen kanssaan olivat, vaan yksin ainoastaan papeille.

5. Tai ettekö ole lukeneet laista, että papit temppelissä saastuttavat sapattia, ja ovat silti ilman rikosta?

6. Mutta minä sanon teille, että tässä on suurempi kuin temppeli.

7. Mutta jos olisitte tienneet, mitä tämä on, "armoa minä tahdon, enkä uhria", ette olisi tuominneet näitä, jotka eivät ole rikkoneet.

8. Sillä ihmisen poika on sapatin herra.

9. Ja Jeshua lähti sieltä, ja tuli heidän kokouspaikkaansa.

10. Ja hänet vietiin yhden miehen luokse, jonka käsi oli kuivettunut, ja he kysyivät häneltä ja sanoivat, että "onko sapattina luvallista parantaa?" – kuin häntä kiusatakseen.

11. Mutta hän sanoi heille, "kuka teidän keskellänne on se mies, jolla on yksi lammas, ja jos se putoaa kuoppaan sapatin päivänä, hän ei tartu siihen ja nosta sitä ylös?"

12. Mutta kuinka paljon enemmän onkaan ihminen, kuin lammas! Sen tähden sapattina on luvallista tehdä sitä, mikä on kaunista.

13. Sitten hän sanoi tuolle miehelle, "ojenna kätesi", ja hän ojensi kätensä, ja se palautui sellaiseksi, kuin oli toinenkin.

14. Ja fariseukset lähtivät ja pitivät neuvottelua häntä vastaan, että kuinka saisivat hänet tuhotuksi.

15. Mutta Jeshua tiesi sen, ja poistui sieltä, ja hänen perässään meni paljon väkijoukkoa, ja hän paransi heidät kaikki.

16. Ja hän varoitti heitä, etteivät paljastaisi häntä.

17. Että täyttyisi se, mitä on sanottu profeetta Ishaia'n kautta, joka sanoo;

18. Katso, minun palvelijani, josta minä iloitsen; rakkaani, josta minun sieluni riemuitsee. Minä laitan henkeni hä-

nen päälleen, ja hän on julistava tuomion kansakunnille.
19. Ei hän riitele eikä huuda, eikä hänen ääntään kuulla toreilla.
20. Murtunutta ruokoa hän ei särje, ja välkkyvää lamppua hän ei sammuta, kunnes hän on tuonut tuomion niille, joille hänellä on suosio.
21. Ja hänen nimensä kautta kansakunnat toivovat.
22. Silloin tuotiin hänelle yksi riivattu, mykkä ja sokea, ja hän paransi hänet, kuten "mykät ja sokeat, puhuvat ja näkevät".
23. Ja kaikki väkijoukko oli ihmeissään, ja he sanoivat, että "eikö tämä ole se Davidin poika?"
24. Mutta kun fariseukset kuulivat, he sanoivat, tämä ei aja riivaajia pois kuin Baal-Zebub'n, demonien pään kautta.
25. Mutta Jeshua tiesi heidän suunnitelmansa, ja sanoi heille, "kaikki kuninkuus, joka jakautuu omaa sieluaan vastaan, tuhoutuu, ja jokainen talo ja kaupunki, joka jakautuu omaa sieluaan vastaan, ei pysy pystyssä".
26. Ja jos satana ajaa pois satanan, hän on jakautunut omaa sieluaan vastaan. Kuinka hänen kuningaskuntansa sitten pysyy pystyssä?
27. Jos minä ajan demoneja pois Baal-Zebub'n kautta, kenen kautta teidän lapsenne ajavat niitä pois? Tämän tähden he tulevat olemaan teidän tuomarinne.
28. Ja jos minä ajan demonit pois Jumalan hengen kautta, on Jumalan kuningaskunta tullut lähellenne.
29. Tai kuinka kukaan pystyy menemään sisään jonkun voimallisen taloon, ja ryöstää hänen tavaroitaan? Mutta jos hän ensin sitoo sen voimallisen, ja sitten hän ryöstää hänen talonsa.
30. Kuka ei ole minun kanssani, hän on minua vastaan, ja kuka ei minun kanssani kokoa, hän hajottamalla hajottaa.
31. Tämän tähden minä sanon teille, että kaikki synnit ja pilkat annetaan ihmislapsille anteeksi, mutta joka pilkkaa sitä henkeä vastaan, sellaisille ihmislapsille ei anneta anteeksi.

32. Ja jokaiselle, joka sanoo sanaa ihmisen poikaa vastaan, annetaan kaikki anteeksi, mutta joka puhuu pyhyyden henkeä vastaan, hänelle ei anneta anteeksi tässä maailmassa, eikä tulevassa maailmassa.
33. Tehkää hyvän puun hyvää hedelmää, tai tehkää pahan puun pahaa hedelmää. Sillä hedelmästään puu tunnetaan.
34. Te käärmeiden jälkeläiset, kuinka te pystyisitte hyvää puhumaan, te, jotka olette pahoja? Sillä sydämen täyteydestä suu puhuu.
35. Hyvä mies tuo hyvyyden aarrevarastosta hyvyyttä, ja paha mies tuo pahuuden aarrevarastosta pahuutta.
36. Sillä minä sanon teille, että jokaisesta turhasta sanomastaan sanasta, ihmislapset antavat vastauksensa tuomion päivänä.
37. Sillä sanoistasi sinut vanhurskautetaan, ja sanoistasi sinut tuomitaan syylliseksi.

Tässä ei ole tavallista "tuomita"-verbiä, vaan "tulla syylliseksi". Sama sana on samassa muodossa Room.

7: 13, jossa kreikan vastine tälle sanalle on "tehdään syntiseksi", mikä sopii täydellisesti tähän.

38. Silloin vastasi eräitä ihmisiä kirjanoppineista ja fariseuksista, ja he sanoivat hänelle, "opettaja, me tahdomme, että näemme sinulta merkin".

Merkki on määräisessä muodossa, tässä tarkoitettiin jotain tiettyä Messiaan merkkiä, ei mitä tahansa merkkiä.

39. Mutta hän vastasi ja sanoi heille, "paha ja avionrikkoja sukupolvi etsii merkkiä, ja sitä merkkiä ei sille anneta – vaan profeetta Joonan merkki".
40. Sillä niin kuin Joona oli kalan vatsassa kolme päivää ja kolme yötä, näin on ihmisen poika oleva maan sydämessä kolme päivää ja kolme yötä.
41. Niniveläiset miehet nousevat tuomiolle tämän sukupolven kanssa, ja tuomitsevat sen, sillä he tekivät parannuksen Joonan julistuk-

sen kautta, ja katso, tässä on suurempi kuin Joona.
42. Etelän kuningatar nousee tuomiolle tämän sukupolven kanssa, ja tuomitsee sen, sillä hän tuli maan äärestä, että kuulisi Shlimonin viisautta, ja katso, täällä on hän, joka on suurempi kuin Shlimon.
43. Mutta aina, kun epäpuhdas henki lähtee pois ihmisestä, se vaeltelee vedettömissä paikoissa, ja etsii lepoa, eikä sitä löydä.
44. Silloin se sanoo, "minä palaan talooni, josta minä lähdin pois", ja se menee, ja löytää sen tyhjänä ja siivottuna ja koristeltuna.
45. Silloin tuo menee, kanssaan seitsemän muuta henkeä, jotka ovat siitä pahempia, ja he astuvat sisään ja oleskelevat siinä, ja sen miehen loppu on oleva pahempi kuin hänen alkunsa. Näin on tapahtuva tälle pahuuden sukupolvelle.
46. Mutta kun hän oli puhumassa väkijoukolle, tulivat hänen äitinsä ja veljensä, seisoivat ulkona ja yrittivät päästä puhumaan hänen kanssaan.
47. Mutta eräs mies sanoi hänelle, "katso, sinun äitisi ja veljesi seisovat ulkona ja yrittävät päästä puhumaan kanssasi".
48. Mutta hän vastasi ja sanoi sille, joka hänelle puhui, "kuka on minun äitini ja ketkä ovat minun veljeni?"
49. Ja hän ojensi kätensä oppilaidensa puoleen ja sanoi, "katso, minun äitini, ja katso, minun veljeni!"
50. Sillä jokainen, joka tekee minun isäni tahdon, joka on taivaissa, on minun veljeni ja sisareni, ja äitini.

13. luku

1. Mutta sinä päivänä Jeshua lähti siitä talosta, ja istui sen meren laidalle.
2. Ja hänen luokseen oli kokoontuneena paljon kansaa, niin että hän asettui istumaan veneeseen, ja kaikki se väkijoukko seisoi meren rannalla.
3. Ja hän puhui paljon heidän kanssaan vertausten kautta, ja hän sanoi, "katso, kylväjä lähti kylvämään".

4. Ja kun hän kylvi, jotkut putosivat tien sivuun, ja lintu tuli ja söi ne.

5. Ja toiset putosivat kallion päälle, missä ei ollut paljoa maaperää, ja ne versoivat hetken, koska siinä maassa ei ollut syvyyttä.

6. Mutta kun aurinko nousi kuumentamaan, ja koska sillä ei ollut sitä juurta, se kuihtui.

7. Ja toiset putosivat orjantappuroiden sekaan, ja ne orjantappurat nousivat ja tukahduttivat ne.

8. Ja toiset putosivat hyvään maahan, ja ne tuottivat hedelmää; osa sata ja osa kuusikymmentä, ja osa kolmekymmentä.

9. Kenellä on kuulevat korvat, kuulkoon!

10. Ja hänen oppilaansa tulivat paikalle, ja he sanoivat hänelle, "miksi olet puhumassa heidän kanssaan vertausten kautta?"

11. Mutta hän vastasi ja sanoi heille, "teidän on annettu tuntea taivasten kuningaskunnan salaisuudet, mutta heille ei ole annettu".

12. Sillä kenellä on, hänelle annetaan lisää, ja hänelle vielä lisätään.

13. Ja jolla ei ole, häneltä otetaan. Tämän tähden minä puhun heidän kanssaan vertausten kautta, että ne, jotka näkevät, eivät näe, ja kuulevat, eivätkä kuule, eivätkä ymmärrä.

14. Ja heissä täyttyy se Ishaia'n profetia, joka sanoo, että "kuulemalla kuulette, ettekä ymmärrä, ja näkemällä näette, ettekä käsitä".

15. Sillä paadutettu on tämän kansan sydän, ja korviensa kautta he vaikeasti kuulevat, ja silmänsä he ovat sulkeneet, etteivät silmiensä kautta näkisi, ja korviensa kautta kuulisi, ja sydämissään ymmärtäisi ja kääntyisi, ja minä heidät parantaisi.

16. Mutta hänen siunauksensa teille; teidän silmänne näkevät, ja teidän korvanne kuulevat.

17. Sillä amen, minä sanon teille, että monet profeetat ja vanhurskaat ovat ikävöineet, että näkisivät, mitä te näette, eivätkä nähneet, ja kuulla, mitä te kuulette, eivätkä he kuulleet.

18. Mutta te, kuunnelkaa se vertaus siitä siemenestä;
19. Jokainen, joka kuulee kuningaskunnan sanaa, eikä ymmärrä sitä itsessään, paha tulee ja sieppaa pois sen sanan, joka oli kylvetty hänen sydämessään. Tämä on se, joka on tien viereen kylvetty.
20. Mutta se, joka kallion päälle kylvettiin, on sellainen, joka kuulee sanaa ja ottaa sen hetkessä vastaan iloiten.
21. Mutta hänessä ei ole juuria, vaan hän on hetkellinen, ja kun on joku ahdistus, tai vainoja, sanan tähden, se hajoaa heti pois.
22. Mutta se, joka on orjatappuran keskelle kylvetty, on sellainen, joka kuulee sanaa, ja tämän maailman huolet ja hyvinvoinnin petollisuus tukahduttavat hänessä sen sanan, niin ettei hän tee hedelmää.
23. Mutta, se, joka on kylvetty hyvän maan päälle, on hän, joka kuulee minun sanani, ja ymmärtää, ja tuottaa hedelmää, ja tekee, osa sata ja osa kuusikymmentä, ja osa kolmekymmentä.
24. Toisen vertauksen hän toi vertauksena heille, ja sanoi, "taivasten kuningaskunta on sellaisen miehen kaltainen, joka kylvi peltoonsa hyvää siementä".
25. Ja kun ihmiset nukkuivat, hänen vastustajansa tuli ja kylvi lustetta vehnän keskelle, ja lähti pois.
26. Mutta kun ruoho kasvoi ja teki hedelmää, silloin nousivat esiin myös lusteet.
27. Ja sen talon herran palvelijat lähestyivät ja sanoivat hänelle, "herramme, katso, etkö sinä kylvänyt hyvää siementä peltoosi? Mistä sen lusteet ovat tulleet?"
28. Mutta hän sanoi heille, "se mies, vastustaja, on tämän tehnyt". Hänen palvelijansa sanoivat hänelle, "tahdotko sinä, että menemme ja keräämme ne sieltä?"
29. Mutta hän sanoi heille, että "ettekö te silloin, kun keräätte lustetta, vedä pois myös vehnää niiden kanssa?"
30. Antakaa molempien kasvaa yhdessä sadonkorjuuseen saakka, ja sadonkorjuun aikaan minä sanon niittäjille, "valitkaa ensin lus-

teet, ja sitokaa heidät nippuihin, poltettaviksi, mutta vehnä – kootkaa heidät minun aittaani".

31. Toisen vertauksen hän toi vertauksena heille, ja sanoi, "taivasten kuningaskunta on sinapinsiemenen jyvän kaltainen, jonka mies on laittanut kylvämäänsä peltoon".

32. Ja on niistä kaikista siemenistä vähäisin, mutta kasvaneena on kaikkia kasveja suurempi, ja siitä kasvaa puu, niin että taivasten linnut tulevat, asettuvat sen oksille.

33. Toisen vertauksen hän sanoi heille, "taivasten kuningaskunta on hiivan kaltainen, jonka vaimo otti, kätki kolmeen mitalliseen taikinaa, kunnes se kaikki oli paisunut".

34. Kaikki nämä Jeshua puhui väkijoukolle vertausten kautta, eikä hän puhunut heille ilman vertausta.

35. Että täyttyisi se, mikä on sanottu sen profeetan kautta, joka sanoo, "minä avaan suuni vertauksissa, ja julistan salatut, jotka ovat olleet ennen maailman perustamista".

36. Silloin Jeshua jätti ne väkijoukot, ja hän tuli taloon, ja hänen oppilaansa tulivat hänen luokseen ja sanoivat hänelle, "selitä meille se vertaus lusteista ja pellosta".

37. Mutta hän vastasi ja sanoi heille, "hän, joka kylvi sen hyvän siemenen, on ihmisen poika".

38. Ja pelto on maailma, mutta hyvä siemen ovat kuningaskunnan lapset, mutta lusteet ovat pahan lapsia.

39. Mutta se vastustaja, joka ne kylvi, on satana, mutta se sadonkorjuu on maailman loppu, mutta ne niittäjät ovat enkelit.

40. Sen tähden, niin kuin nuo lusteet, jotka kootaan ja tulessa poltetaan – näin on oleva tämän maailman lopussa.

41. Ihmisen poika on lähettävä enkelinsä, ja he valitsevat hänen kuningaskunnastaan kaikki kompastuskivet ja vääryyden tekijät.

42. Ja heidät heitetään tulen olemukseen. Siellä on oleva itku ja hammasten kiristys.

43. Silloin vanhurskaat loistavat niin kuin aurinko heidän isänsä kuningaskunnas-

sa. Jolla on kuulevat korvat, kuulkoon!

44. Vielä taivasten kuningaskunta on aarteen kaltainen, joka on kätketty peltoon, se, jonka mies löysi, ja kätki sen, ja ilostaan meni, myi kaiken, mitä hänellä oli, ja osti sen pellon.

45. Vielä taivasten kuningaskunta on kauppiaan kaltainen, joka oli etsimässä hyviä helmiä.

46. Mutta kun hän löysi sen yhden arvokkaan helmen, hän meni luottavaisesti, myi kaiken, mitä hänellä oli, ja osti sen.

47. Vielä taivasten kuningaskunta on verkon kaltainen, joka heitettiin mereen, ja siihen kerääntyi kaikkia lajeja.

48. Ja kun se oli täynnä, se tuotiin meren rannalle, ja he istuivat ja valitsivat hyvät astioihin, ja pahat heitettiin ulkopuolelle.

49. Näin on oleva maailman lopussa. Enkelit lähtevät, ja erottelevat pahat vanhurskaiden keskuudesta.

50. Ja heidät heitetään tulen olemukseen – siellä on oleva itku ja hammasten kiristys.

51. Jeshua sanoi heille, "oletteko ymmärtäneet nämä kaikki?" He sanoivat hänelle, "kyllä, meidän herramme".

52. Hän sanoi heille, "tämän tähden on jokainen kirjanoppinut, jolle on opetettu taivasten kuningaskunnasta, miehen kaltainen, talon herran, joka tuo aarrevarastostaan uutta ja vanhaa".

53. Ja tapahtui, että kun Jeshua lopetti nämä vertaukset, poistui hän siitä paikasta.

54. Ja hän tuli omaan kaupunkiinsa, ja opetti heille heidän kokouspaikoissaan, että he ihmettelisivät ja sanoisivat, "mistä hänelle on tullut tämä viisaus ja taidollisuus?"

55. Eikö tämä ole sen rakennusmiehen poika? Eikö hänen äitinsä ole nimeltään Mirjam, ja veljensä Jakob ja Jose, ja Shimeon ja Jehuda?

56. Ja kaikki hänen sisarensa – katso, he ovat meidän luonamme, sen tähden, mistä henelle on tullut kaikki nämä?

57. Ja he olivat loukkaantuneet häneen. Mutta Jeshua

sanoi heille, "ei ole profeetta halveksittu, paitsi omassa kaupungissaan ja omassa kodissaan".
58. Eikä hän tehnyt siellä monia voimallisia tekoja, heidän epäuskonsa tähden.

14. luku

1. Mutta siihen aikaan neljännesruhtinas Herodes kuuli Jeshuan maineesta.
2. Ja hän sanoi palvelijoilleen, "tämä on Johannan, kastaja, hän on noussut kuolleista. Tämän tähden nämä voimateot tapahtuvat hänen kauttaan".
3. Sillä hän, Herodes, oli ottanut kiinni Johannanin, ja sitonut hänet ja heittänyt hänet vankihuoneeseen, veljensä Filippoksen vaimon, Herodian tähden.
4. Sillä Johannan oli sanonut hänelle, että "ei ole luvallista, että hän olisi vaimosi".
5. Ja tahtoi tappaa hänet, ja hän pelkäsi kansaa, joka piti häntä kuin profeettana.
6. Mutta kun oli Herodeksen syntymäpäivä, tanssi Herodian tytär vieraiden edessä, ja se oli kaunista Herodekselle.
7. Tämän tähden hän valalla vannoi antavansa hänelle mitä tahansa, mitä hän pyytää.
8. Mutta koska hänen äitinsä oli häntä ohjannut, hän sanoi, "anna minulle tänne lautasella Johannan kastajan pää".
9. Ja se murehdutti kuningasta, mutta sen valan ja vieraiden tähden, hän käski, että se annetaan hänelle.
10. Ja hän lähetti katkaisemaan Johannan'n pään vankilaan.
11. Ja hänen päänsä tuotiin lautasella, ja annettiin sille tytölle, ja hän vei sen äidilleen.
12. Ja hänen oppilaansa tulivat, ottivat hänen ruumiinsa, hautasivat ja kertoivat Jeshualle.
13. Mutta kun Jeshua kuuli sen, hän lähti sieltä veneellä erämaan seudulle, yksinäisyyteen, ja kun väkijoukot kuulivat sen, menivät he kaupungeista kuivaa maata pitkin hänen perässään.
14. Ja Jeshua tullessaan alas, näki sen suuren väkijoukon,

43

ja hän armahti heitä ja paransi heidän sairaansa.
15. Mutta kun oli ilta, tulivat hänen oppilaansa hänen luokseen, ja sanoivat hänelle, "tämä paikka on erämaa, ja aikaakin on kulunut. Lähetä tuo ihmisten väkijoukko, että menisivät kyliin ja ostaisivat syötävää."
16. Mutta hän sanoi heille, "ei heidän tarvitse mennä. Antakaa te heille syötävää."
17. Mutta he sanoivat hänelle, "meillä ei ole täällä mitään, ainoastaan viisi leipää ja kaksi kalaa."
18. Jeshua sanoi heille, "tuokaa ne tänne, minulle."
19. Ja hän käski väkijoukkoja lepäämään maahan, ja hän otti nämä viisi leipää ja kaksi kalaa, ja katsoi taivaisiin, ja siunasi ja mursi ja antoi ne oppilailleen, ja oppilaat asettivat ne väkijoukoille.
20. Ja he kaikki söivät ja tulivat ravituiksi, ja tähteiden jäännös koottiin kahteentoista täyteen koriin.
21. Mutta näitä miehiä, jotka söivät, oli viisi tuhatta, ilman naisia ja lapsia.
22. Ja heti hän vaati oppilaitaan lähtemään veneellä, ja menemään hänen edellään toiselle puolelle, kunnes hän olisi lähettänyt väkijoukot pois.
23. Ja kun hän oli lähettänyt väkijoukon pois, hän nousi sille vuorelle, rukoilemaan yksinäisyydessä, ja kun oli pimeää, hän oli siellä yksinäisyydessä.
24. Ja vene oli monen stadiamitan päässä maasta, kun se heittelehti suuresti aalloista, sillä tuuli oli vastainen.
25. Mutta yön neljännellä vartiohetkellä Jeshua tuli heidän luokseen, veden yllä kävelemällä.
26. Ja hänen oppilaansa näkivät hänen kävelevän veden päällä, ja he vapisivat ja sanoivat, "onko tämä näky valhetta?" – ja he huusivat pelosta.
27. Mutta hän, Jeshua, puhui heidän kanssaan sillä hetkellä, ja sanoi, "ymmärtäkää, että MINÄ OLEN. Älkää pelätkö!"

Sanonta "ota sydämeesi", sisäistä, ymmärrä, tulee lev (sydän) –sanasta. Minä olen, taas on oma ainutlaa-

tuinen sanontansa arameassa.

28. Ja Keefa vastasi ja sanoi hänelle, "Herrani, jos sinä olet hän, käske minua tulemaan luoksesi, veden päällä."
29. Mutta Jeshua sanoi hänelle, "tule", ja Keefa lähti veneestä, ja käveli veden päällä, tullakseen Jeshuan luokse.
30. Ja kun hän näki, että tuuli oli kova, hän pelkäsi ja alkoi upota. Ja hän korotti äänensä ja sanoi, "minun Herrani, pelasta minut!"
31. Ja sillä hetkellä meidän Herramme ojensi kätensä, ja otti hänet, ja sanoi hänelle, "sinä vähäuskoinen, miksi epäröit?"
32. Ja kun he nousivat veneeseen, tuuli lakkasi.
33. Ja he, jotka olivat veneessä, kumarsivat häntä ja sanoivat, "todellakin, sinä olet Jumalan poika!"
34. Ja he matkustivat, ja tulivat Ginnosarin maalle.
35. Ja sen paikan ihmiset tunnistivat hänet, ja lähettivät sanaa kaikkiin ympäröiviin kyliin, ja hänelle tuotiin kaikki nämä, jotka oli tehty todella sairaiksi.
36. Ja he pyysivät häntä, että saisivat edes koskettaa, vain hänen vaatteensa reunaa, ja nämä, jotka koskettivat, paranivat.

Kanaf on vaatteen reuna. Se voi olla paljon muutakin, Jastrow s.651 antaa sanalle myös merkityksiä siipi, sulka, ja symboli uskosta Jumalaan. Sanaa käytetään esim. Targumissa Malakian kirjan lopulla, "parantuminen siipien alla" – näin aramea yhdistää tapahtuman vanhoihin profetioihin. Alkuseurakunnan aikainen lukija osasi ajatella tällä tavalla, koska profeettoja vielä luettiin paljon.

15. luku

1. Silloin tuli Jeshuan luokse fariseuksia, ja kirjanoppineita, jotka olivat Jerusalemista, ja sanoivat;
2. Miksi sinun oppilaasi rikkovat vanhinten perinnäissääntöä vastaan, eivätkä pe-

se käsiään, kun syövät leipää?
3. Jeshua vastasi, ja sanoi heille, "miksi myös te rikotte Jumalan käskyä vastaan, omien perinnäissääntöjenne tähden?"
4. Sillä Jumala sanoi, "kunnioita isääsi ja äitiäsi", ja "joka vastustaa isäänsä ja äitiään, kuolemalla kuolkoon."

Matscha on vastustaa, "olla kovaotsainen", ei sen enempää eikä vähempää. Otsa, ensisijaisesti.

5. Mutta te sanotte; jokainen, joka sanoo isälle tai äidille, "minun lahjastani en minä mitään hyödy", eikä hänen tarvitse kunnioittaa isäänsä tai äitiään.
6. Ja te teette tyhjäksi Jumalan sanan, teidän perinnäissääntönne tähden.
7. Te puolueelliset, kauniisti on Jesaja profetoinut teitä vastaan, ja hän sanoi;
8. Tämä kansa kunnioittaa minua huultensa kautta, mutta heidän sydämensä ovat todella kaukana minusta.
9. Ja turhaan he ylistävät minua, kun opettavat ihmislasten käskyjen opetuksia.
10. Ja hän kutsui sitä väkijoukkoa ja sanoi heille, "kuulkaa ja ymmärtäkää,"
11. Ei sellainen, joka menee suusta sisään, saastuta ihmislasta, vaan sellainen, joka lähtee suusta ulos – tämä saastuttaa ihmisen.
12. Silloin hänen oppilaansa lähestyivät, ja sanoivat, "tiedätkö, että ne fariseukset, jotka kuulivat tämän sanan, suuttuivat?"
13. Mutta hän vastasi ja sanoi heille; jokainen sellainen istutus, joka ei ole minun isäni, joka on taivaissa, istuttama, revitään juurineen pois.
14. Muutenkin, he ovat sokeita sokeiden oppaita. Mutta jos sokea johdattaa sokeaa, he molemmat putoavat kuoppaan.
15. Ja Shimeon Keefa vastasi, ja sanoi hänelle, "Herrani, selitä meille tämä vertaus."
16. Mutta hän sanoi heille; ettekö te vieläkään ymmärrä?
17. Ettekö te tiedä, että se, mikä menee suusta sisään,

menee vatsaan, ja sieltä ulosteen kautta heitetään pois?
18. Mutta se, mikä suusta lähtee ulos, lähtee sydämestä, ja se on sitä, mikä saastuttaa ihmislasta.
19. Sillä sieltä, sydämestä, lähtevät pahat ajatukset; aviorikokset, murhat, haureudet, varkaudet, valheelliset todistukset, jumalanpilkka.
20. Nämä ovat sellaisia, jotka saastuttavat ihmislapsen. Mutta jos mies syö, pesemättä käsiään, se ei saastuta.
21. Ja Jeshua lähti sieltä, ja tuli Tsur'n ja Tsidonin seudulle.
22. Ja katso, kanaanilainen vaimo niiltä seuduilta tuli, huutaen ja sanoen, "Herrani, Davidin poika, armahda minua! Tyttäreni on pahasti riivaajan kiusaamana!"
23. Mutta hän ei vastannut sanallakaan. Ja hänen oppilaansa tulivat, ja pyysivät häneltä ja sanoivat, "vapauta hänet, joka huutaa meidän perässämme."
24. Mutta hän vastasi ja sanoi; ei minua ole lähetetty heitä varten, vaan niiden lampaiden luokse, jotka ovat eksyneet Israelin huoneesta.
25. Mutta hän tuli kumartaen häntä, ja sanoi, "Herrani, auta minua!"
26. Hän sanoi hänelle; ei ole kaunista, ottaa lasten leipiä, ja heittää niitä koirille.
27. Mutta hän sanoi; niin, Herrani, myös koirat syövät niistä palasista, jotka putoavat heidän isäntiensä pöydästä, ja he saavat elää.
28. Silloin Jeshua sanoi hänelle; oi vaimo, suuri on sinun uskosi! Tapahtukoon sinulle tahtosi mukaan! – Ja hänen tyttärensä oli siitä hetkestä terve.
29. Ja Jeshua lähti sieltä, ja tuli Galilean meren taakse, ja nousi sille vuorelle, ja istuutui sinne.
30. Ja hänen luokseen tuli suuri väkijoukko, joiden mukana oli ontuvia ja sokeita, ja puhekyvyttömiä ja rampoja, ja monia muita, ja heidät asetettiin Jeshuan jalkojen luokse – ja hän paransi heidät.
31. Niin että se väkijoukko hämmästyi nähdessään nämä mykät, jotka puhuivat, ja

47

rammat, jotka olivat parantuneet, ja ontuvat, jotka kävelivät, ja sokeat, jotka näkivät, ja he ylistivät Israelin Jumalaa.

32. Mutta hän, Jeshua, kutsui oppilaansa ja sanoi; minä säälin tätä väkijoukkoa, sillä katso, kolme päivää he ovat viipyneet minun kanssani, eikä ole, mitä he söisivät. Minä en tahdo lähettää heitä pois, kun he paastoavat, etteivät he uupuisi matkalla.

33. Hänen oppilaansa sanoivat hänelle; mistä me saamme leipää erämaassa, että kaikki tämä väkijoukko tulisi ravituksi?

34. Jeshua sanoi heille, "kuinka monta leipää teillä on?" He sanoivat hänelle, "seitsemän, ja pari pikkukalaa."

35. Ja hän käski väkijoukkoa, että asettuisivat maahan aterioimaan.

36. Ja hän otti nämä seitsemän leipää, ja ne kalat, ja ylisti ja mursi ne, ja antoi oppilailleen, ja oppilaat antoivat ne sille väkijoukolle.

Shevach on ylistämisen lisäksi "lisätä, moninkertaistaa", joten arameassa on tässäkin pieni sanaleikki, kumpi tahansa käännösvaihtoehto on oikein, ja se on ollut Matteuksen ajatuskin. Hepreassa "sabeach" on kuitenkin ylistämistä.

37. Ja he kaikki söivät ja tulivat ravituiksi, ja tähteiden jäännös kerättiin – seitsemän täyttä korillista!

38. Mutta niitä, jotka söivät, oli neljä tuhatta miestä, lukuun ottamatta naisia ja lapsia.

39. Ja kun hän oli lähettänyt sen väkijoukon pois, hän nousi veneeseen, ja tuli Magdon seudulle.

16. luku

1. Ja fariseukset ja saddukeukset lähestyivät häntä kiusaten, ja pyysivät häntä osoittamaan heille merkin taivaista.

2. Mutta hän vastasi ja sanoi heille; kun on ilta, te sanotte, että on hyvä sää, sillä taivaat punertavat.

3. Ja aamulla te sanotte, "tänään on myrsky, sillä taivaat

punertavat synkästi". Te puolueelliset, taivasten muotoja te tiedätte, te, jotka niitä seuraatte. Tämän ajan merkkejä te ette tiedä, että ymmärtäisitte.
4. "Paha ja avionrikkoja sukupolvi etsii merkkiä, eikä sille anneta muuta merkkiä, kuin profeetta Joonan merkki!" Ja hän jätti heidät ja lähti pois.

Matt. 19: 3-12, Mark. 10: 2-12 ja targum Malakia 2: 16 kertovat meille selkeästi sen ajan ajattelutavasta, johon Jeesus erityisesti puuttui; vaimon sai jättää mistä syystä tahansa, kunhan lakisääteinen erokirja tuli tehdyksi (5. Moos. 24). En tiedä, miksi nimi Joona kirjoitetaan tässä kohdassa "Jonan".

5. Ja kun hänen oppilaansa tulivat toiselle puolelle, he olivat unohtaneet ottaa leipää mukaansa.
6. Mutta hän sanoi heille; katsokaa, varokaa fariseusten ja saddukeusten hiivaa.
7. Mutta he miettivät keskenään ja sanoivat, "eihän niitä leipiä otettu mukaan?"
8. Mutta Jeshua tiesi sen, ja sanoi heille, "mitä te vähäuskoiset ajattelette keskenänne? Että ette ottaneet leipää mukaanne?"
9. Ettekö ole vieläkään ymmärtäneet? Ettekö te muista niitä viittä leipää, viidelle tuhannelle, ja kuinka monta korillista te kokositte?
10. Ettekä sitä, kun heille, neljälle tuhannelle, seitsemän leipää, ja kuinka monta korillista te kokositte?

Näissä jakeissa (9-10) on eri sanat koreista. Kyseessä voi olla toisessa laatikoitakin, tai korien kokoero.

11. Kuinka te ette ymmärrä, etten minä siitä leivästä teille sanonut, vaan että varoisitte fariseusten ja saddukeusten hiivaa?
12. Silloin he ymmärsivät, ettei hän sanonut, että heidän pitäisi varoa leivän hiivaa, vaan fariseusten ja saddukeusten opetuksia.
13. Mutta kun Jeshua tuli Filippuksen Kesarean alueelle,

hän kysyi oppilailtaan, ja sanoi, "mitä ihmiset minusta sanovat, että olenko minä se Ihmisen Poika?"

14. Mutta he sanoivat, että jotkut sanovat "Johannan kastaja", mutta toiset "Elia" ja toiset "Jeremia", tai yksi profeetoista.

15. Hän sanoi heille, "mutta kenen te sanotte minun olevan?"

16. Shimeon Keefa vastasi, ja sanoi, "sinä olet se Messias, elävän Jumalan poika."

17. Jeshua vastasi ja sanoi hänelle, "autuas olet sinä, Shimeon, Joonan poika, sillä liha tai veri ei sitä sinulle paljastanut, vaan minun isäni, joka on taivaissa."

18. Minä myös sanon sinulle, että sinä olet Keefa, ja tämän kallion päälle minä rakennan seurakuntani, eivätkä tuonelan portit ole ottava sitä omistukseensa.

Keefa tarkoittaa kallio. Viimeinen sana chasan, חסן Jes. 35: 3, "vahvistakaa kädet", sama sana käytössä. Chasan on "vahvistaa" tai "ottaa valtaansa". Talmudin mukaan "tuonelan portteja"
on kolme; erämaassa (4. Moos. 16: 33), meressä (Joona 2: 3) ja Jerusalemin alueella (Jes. 31: 9), jossa oli syvä halkeama maassa vielä ristiretkienkin aikaan.

19. Minä annan sinulle taivasten kuningaskunnan lukot, ja kaikki, mitä te sidotte maassa, on oleva sidottu taivaissa, ja mitä te vapautatte maassa, on oleva vapautettu taivaissa.

Kelida on sekä avain, että lukko. Ensisijaisesti kalad on "lukita". Halusin kuitenkin tuoda mahdollisen vaihtoehdon tähän näkyviin. Mutta eihän lukko toimi ilman avainta, joten avainkin käy tähän.

20. Silloin hän käski oppilaitaan, etteivät sanoisi kenellekään, että hän on se Messias.

21. Ja siitä lähtien Jeshua alkoi kertomaan oppilailleen, että oli valmistettu, että hän olisi menevä Jerusalemiin, ja kärsivä paljon vanhimpien ja pappien johtajien, ja kirjanoppineiden taholta, ja tu-

levan tapetuksi, ja että kolmantena päivänä hän on nouseva ylös.

Ylipappi olisi kohen gadol. Tässä puhutaan muista "suurista papeista".

22. Ja Keefa otti hänet sivuun, ja alkoi nuhtelemaan häntä ja sanoi, "Herrani, älköön tällaista sinulle tapahtuko!"
23. Mutta hän sanoi Keefalle, vasten kasvoja, "mene taakseni, syyttäjä! Sinä olet loukkaukseksi minulle – et sinä ajattele sitä, mikä on Jumalan, vaan ihmislasten."
24. Sitten Jeshua sanoi oppilailleen, että "joka tahtoo tulla minun perässäni, kieltäköön oman sielunsa, ja kantakoon oman ristinsä, ja tulkoon perässäni."

Zekaf on ensisijaisesti hirsipuu. Midrash kertoo Iisakin kantaneen ristiä matkalla uhrattavaksi. Ristin kantaminen edusti juutalaisille itsensä asettamista uhriksi.

25. Sillä joka tahtoo levon, on menettävä sielunsa, ja joka menettää sielunsa minun tähteni, on sen löytävä.
26. Sillä mitä ihminen hyötyy siitä, jos saa ostaa omakseen koko maailman, ja kadottaa sielunsa? Tai mitä ihminen voi antaa oman sielunsa lunnaaksi?

Sana lunnaista on sama kuin ensihedelmän lahjasta, tai esikoisen lunastamisesta käytetty.

27. Sillä tulevaisuudessa Ihmisen Poika on tuleva isänsä kirkkaudessa, pyhien enkeliensä kanssa, ja silloin hän on maksava jokaiselle ihmiselle hänen tekojensa mukaan.
28. Amen, minä sanon teille, että tässä seisoo ihmisiä, jotka eivät ole maistava kuolemaa, ennen kuin näkevät Ihmisen Pojan, joka tulee kuningaskunnassaan.

17. luku

1. Ja kuuden päivän jälkeen Jeshua otti mukaansa Keefan ja Jakobin, ja hänen veljensä Johannanin, ja vei hei-

dät hänen kanssaan sille korkealle vuorelle.

2. Ja Jeshua muuttui heidän edessään, ja hänen kasvonsa loistivat kuin aurinko, ja hänen vaatteensa tulivat valkoisiksi niin kuin valkeus.

3. Ja heille ilmestyivät Moshe ja Elia, jotka puhuivat hänen kanssaan.

4. Mutta Keefa vastasi ja sanoi Jeshualle, "Herrani, tässä on hyvä olla, ja jos sinä tahdot, me teemme tähän kolme majaa, yksi sinulle ja yksi Moshelle, ja yksi Elialle."

Majan rakentaminen ei ole sattumaa. Tapahtuma-aika on sovituspäivä, jom hakippurim, ja heti samana iltana, kun se päättyy, ihmiset alkavat rakentamaan lehtimajoja lehtimajajuhlaa varten. Tänä päivänäkin.

5. Ja vielä, kun hän oli puhumassa, katso, kirkas pilvi peitti heidät, ja siitä pilvestä lähti ääni, joka sanoi, "tämä on minun rakas poikani, johon minä olen mielistynyt. Häntä kuulkaa!"

6. Ja kun ne oppilaat kuulivat sen, he putosivat kasvoilleen ja olivat hyvin peloissaan.

7. Ja Jeshua tuli heidän lähelleen, ja kosketti heitä, ja sanoi, "nouskaa, älkää olko peloissanne."

8. Ja he kohottivat katseensa, eivätkä nähneet ketään – vain Jeshuan yksinään.

9. Ja kun he laskeutuivat alas siltä vuorelta, Jeshua käski heitä ja sanoi heille, "älkää kertoko tätä näkyä kenenkään ihmisen edessä, ennen kuin Ihmisen Poika on noussut kuolemasta."

10. Ja hänen oppilaansa kysyivät häneltä ja sanoivat hänelle, "miksi siis kirjanoppineet sanovat, että Elian täytyy tulla edellä?"

11. Jeshua vastasi ja sanoi, "Elia tulee edellä, että kaikki tulisi täydelliseksi".

12. Mutta minä sanon teille, että katso, Elia on tullut, eivätkä he tunteneet häntä, ja tekivät hänelle kaiken, mitä he tahtoivat. Samoin myös Ihmisen Poika on tuleva kärsimään heidän kauttaan.

13. Silloin he ymmärsivät, että hän kertoi heille Johannan kastajasta.

14. Ja kun he tulivat erään väkijoukon luokse, häntä lähestyi mies, joka polvistui polvilleen.
15. Ja sanoi hänelle, "Herrani, armahda minua! Pojallani on mielisairaus, ja se on tullut pahaksi, sillä monia kertoja hän on pudonnut tuleen ja monia kertoja veteen."
16. Ja minä toin hänet sinun oppilaillesi, eivätkä he pystyneet parantamaan häntä.
17. Jeshua vastasi ja sanoi, "voi sinä epäuskoinen ja kiero sukupolvi! Kuinka kauan minun on oltava kanssanne, ja kuinka kauan minun täytyy teitä kestää? Tuokaa hänet tänne minulle."
18. Ja Jeshua nuhteli sitä, ja riivaaja lähti hänestä, ja poika oli siitä hetkestä terve.
19. Sitten oppilaat tulivat Jeshuan lähelle, yksinäisyydessä, ja sanoivat hänelle, "miksi me emme pystyneet parantamaan häntä?"
20. Jeshua sanoi heille, "teidän epäuskonne tähden. Sillä amen, minä sanon teille, että jos teissä olisi uskoa sinapinsiemenen jyvän verran, te voisitte sanoa tälle vuorelle, että 'liiku tästä', ja se liikkuu, eikä mikään olisi teille vaikeaa."
21. Mutta tämä laji ei lähde muuten kuin paaston ja rukouksen kautta.
22. Mutta kun he matkustivat Galilean kautta, Jeshua sanoi heille, "on tapahtuva, että Ihmisen Poika tulee ihmislapsen käsien kautta petetyksi."
23. "Ja he tappavat hänet, ja kolmantena päivänä hän on nouseva." Ja he tulivat hyvin murheellisiksi.
24. Ja kun he tulivat Kefr-Nachumiin, tulivat nämä, jotka keräävät kahdesti kaksi rahakolikkoa, ja heidän johtajansa sanoi Keefa'lle, "eikö teidän rabbinne anna niitä kahta kolikkoa?
25. Hän sanoi heille, "kyllä.". Ja kun he tulivat Keefan talon eteen, Jeshua sanoi hänelle, "miltä näyttää, Shimeon? Keneltä maan kuninkaat ottavat veroja, ja johtajat rahaa? Lapsiltaan vai vierailta?"
26. Shimeon sanoi hänelle, "vierailta." Jeshua sanoi hänelle, "Siispä lapset ovat vapaita lapsia."

27. Mutta ettemme loukkaa heitä; mene merelle ja heitä onki, ja se ensimmäinen kala, joka nousee – avaa sen suu, ja löydät kolikon. Ota se, ja anna minun puolestani ja omasta puolestasi.

18. luku

1. Sillä hetkellä ne oppilaat tulivat Jeshuan luokse, ja sanoivat, "kuka siis on suuri taivasten kuningaskunnassa?"
2. Ja Jeshua kutsui erään poikalapsen, ja asetti hänet seisomaan heidän keskelleen.
3. Ja hän sanoi, "amen, minä sanon teille, että ellette muutu ja tule lapsen kaltaiseksi, ette ole pääsevä sisään taivasten kuningaskuntaan."
4. Sen tähden, joka nöyryyttää sielunsa, niin kuin tämä lapsi, hän on oleva suuri taivasten kuningaskunnassa.
5. Ja kuka ottaa vastaan kuin tällaisen lapsen, minun nimessäni, ottaa vastaan minut.
6. Ja jokainen, joka loukkaa yhtäkin näistä vähäisistä, jotka uskovat minun kauttani, hänestä pidetään huoli, että aasin myllynkivi laitetaan hänen kaulaansa, ja hänet upotetaan meren syvyyteen.

"Joka uskoo minuun", olisi eri prepositio, esim. לִי.
"Minun kauttani" sopii kieliopillisesti. Pkach on "pitää huolta" jostain, tai läpimurto. Ilmeisesti aasia käytettiin myllynkiven pyörittämiseen.

7. Voi sitä loukkausten maailmaa! Sillä loukkausten on pakko tulla, mutta voi sitä miestä, jonka käden kautta ne loukkaukset tulevat!
8. Mutta jos sinun kätesi tai sinun jalkasi on sinulle loukkaukseksi, leikkaa se pois, ja heitä luotasi. Sinulle on hyvä, että pääsisit sisälle elämään, kun olet rampa tai kädetön, eikä se, kun sinut molempien käsien tai molempien jalkojen kanssa heitetään iankaikkiseen tuleen.
9. Ja jos sinun silmäsi on sinulle loukkaukseksi, kaiva se

Matteus 18.

pois ja heitä se luotasi. Sinulle on hyvä, että yhden silmän kanssa pääsisit sisälle elämään, eikä se, kun sinut molempien silmien kanssa heitetään helvetin tuleen.

10. Katsokaa, ettette halveksi yhtäkään näistä vähäisistä, sillä minä sanon teille, että heidän enkelinsä näkevät koko ajan minun taivaallisen isäni kasvot.

11. Sillä Ihmisen Poika on tullut, että se, mikä on kadonnut, tulisi saamaan elämän.

12. Miltä se teistä näyttää; jos miehellä on sata lammasta, ja niistä yksi eksyy, eikö hän jätä ne 99 vuorelle, ja mene etsimään sitä eksynyttä?

13. Ja jos hän löytää sen, amen, minä sanon teille, että hän iloitsee siitä enemmän kuin niistä 99:stä, jotka eivät olleet eksyneet.

14. Samoin ei ole teidän taivaallisen isänne tahto, että yksikään näistä vähäisistä katoaisi.

15. Mutta jos sinun veljesi satuttaa sinua, mene, nuhtele häntä kahden kesken – ainoastaan häntä – ja jos hän kuulee sinua, olet voittanut veljesi.

16. Ja jos hän ei sinua kuule, ota kanssasi yksi tai kaksi mukaasi, koska kahden tai kolmen todistajan suun kautta kaikki sana vahvistetaan.

17. Mutta jos hän ei heitäkään kuule, kerro seurakunnalle. Mutta jos hän ei kuuntele seurakuntaakaan, olkoon hän sinulle kuin veronkerääjä ja kuin pakana.

18. Ja amen, minä sanon teille, että kaikki, mitä te sidotte maassa, on oleva sidottu taivaissa, ja mitä te vapautatte maassa, on oleva vapaa taivaissa.

19. Vielä minä sanon teille, että jos kaksi teistä on maan päällä yksimielisiä mistä tahansa asiasta, jota he pyytävät, se on heille tuleva, minun Isältäni, joka on taivaissa.

20. Sillä missä kaksi tai kolme on koolla minun nimessäni, siellä minä olen heidän keskellään.

Talmudissa (tract berakoth) on vastaava ikivanha raamatun opetus; "Silloin myös

Herraa pelkääväiset puhuvat toinen toisensa kanssa, ja Herra tarkkaa ja kuulee" (Mal. 3: 16), "tarvitaan kaksi tai kolme puhumaan keskenään, ja missä kaksi tai kolme opiskelee Jumalan sanaa, sinne kirkkauden läsnäolo tulee heidän keskelleen." Jos lause oli jo Jeesuksen aikana tunnettu, hän siis sanoo itse olevansa tuo shekina.

21. Silloin Keefa tuli hänen luokseen ja sanoi; minun Herrani, jos minun veljeni rikkoo minua vastaan, kuinka monta kertaa minä annan hänelle anteeksi? Seitsemänkin kertaa?
22. Jeshua sanoi hänelle; minä sanon sinulle, ei seitsemän, vaan 77 kertaa seitsemän.
23. Tämän tähden taivasten kuningaskunta on verrattavissa mieheen, kuninkaaseen, joka tahtoi tehdä tiliä palvelijoistaan.
24. Ja kun hän alkoi sitä tehdä, hänelle tuotiin yksi, joka oli hänelle velkaa kymmenen tuhatta.
25. Ja kun hänellä ei ollut mitään, millä maksaa, käski hänen isäntänsä, että on myytävä hänet ja hänen vaimonsa, ja hänen lapsensa ja kaikki, mitä hänellä oli, ja hänen oli maksettava.
26. Ja se palvelija lankesi alas, kumarsi häntä ja sanoi, "minun herrani, ajattele minun henkeäni, ja minä maksan kaiken sinulle."
27. Ja hänen herransa armahti sitä palvelijaa, ja vapautti hänet, ja antoi hänen velkansa anteeksi.
28. Mutta tuo palvelija meni pois, ja löysi yhden kanssapalvelijoistaan, joka oli hänelle velkaa sata denaria. Ja hän otti hänet kiinni ja kuristi häntä, ja sanoi hänelle, "anna minulle se, mitä olet minulle velkaa!"
29. Ja se hänen kanssapalvelijansa lankesi hänen jalkoihinsa, ja pyysi häneltä ja sanoi, "ajattele minun henkeäni, ja minä maksan sinulle."
30. Mutta hän ei tahtonut, vaan meni, heitti hänet vankilaan, kunnes hän olisi antava hänelle sen, mitä oli hänelle velkaa.

31. Mutta kun hänen kanssapalvelijansa näkivät sen, se oli heille hyvin surullista, ja he tulivat ja paljastivat herralleen kaiken, mitä oli tapahtunut.
32. Sitten hänen herransa kutsui hänet luokseen ja sanoi hänelle, "sinä paha palvelija, minä annoin sinulle kaiken sen velan anteeksi, kun sinä sitä minulta pyysit."
33. Eikö sinunkin pitäisi myös armahtaa kanssapalvelijaasi, niin kuin minä armahdin sinut?
34. Ja hänen herransa vihastui ja johdatti hänet ruoskijoille, kunnes hän olisi maksava kaiken, mitä oli hänelle velkaa.
35. Samoin on teille tekevä minun isäni, joka on taivaissa, ellette anna sydämestänne veljillenne anteeksi heidän rikkomuksiaan.

19. luku

1. Ja tapahtui, kun Jeshua oli lopettanut nämä puheet, hän lähti Galileasta, ja tuli Jehudin seudulle, Jordananin taakse.
2. Ja hänen perässään tuli paljon kansaa, ja hän paransi heidät siellä.
3. Ja hänen luokseen tuli fariseuksia, ja koettelivat häntä ja sanoivat, "onko miehelle luvallista, että eroaa vaimostaan, mistä syystä tahansa?"
4. Mutta hän vastasi ja sanoi heille, "ettekö ole lukeneet, että hän alusta asti teki heidät mieheksi ja naiseksi?"
5. Ja sanoi, "tämän tähden mies jättäköön isänsä ja äitinsä, ja yhtyköön vaimoonsa, ja he kaksi tulevat yhdeksi lihaksi."
6. Siksi he eivät ole kaksi, vaan yksi ruumis. Sen tähden, minkä Jumala on yhdistänyt, sitä ihmisen ei tule erottaa.
7. He sanoivat hänelle, "miksi Moshe sitten käski antaa erokirjan ja lähettää hänet pois?"
8. Hän sanoi heille, "tukeakseen teidän sydäntenne kovuutta, Moshe salli teille sen, että eroatte vaimoistanne. Mutta alusta niin ei ollut."
9. Mutta minä sanon teille, että joka eroaa vaimostaan,

joka ei ole avionrikkojakaan, ja ottaa toisen, tekee aviorikoksen, ja joka ottaa hylätyn, tekee aviorikoksen.

10. Hänen oppilaansa sanoivat hänelle, "jos syytökset miehen ja vaimon välillä ovat tällaiset, ei pitäisi ottaakaan vaimoa."

11. Mutta hän sanoi heille, "ei jokainen sitä voi ottaa vastaan, vaan tämä puhe on sellaisille, joille se on suotu."

12. Sillä on uskollisia, jotka äitinsä kohdusta saakka ovat näin syntyneet, ja on uskollisia, jotka ihmislasten kautta ovat uskollisiksi tulleita, ja on uskollisia, sellaisia, jotka ovat sielunsa valmistaneet, taivasten kuningaskunnan tähden. Joka voi tämän vastaanottaa, ottakoon!

13. Silloin hänelle tuotiin lapsia, että hän asettaisi kätensä heidän päälleen, ja rukoilisi. Ja hänen oppilaansa nuhtelivat heitä

14. Mutta hän, Jeshua, sanoi heille, "antakaa lasten tulla minun luokseni, älkääkä kieltäkö heitä, sillä sellaisten, kuin nämä ovat, on taivasten kuningaskunta."

15. Ja hän laittoi kätensä heidän päälleen, ja meni sieltä pois.

16. Ja yksi tuli, lähestyi ja sanoi hänelle, "hyvä opettaja, mitä hyvää on tehtävä, että minulle olisi iankaikkinen elämä?"

17. Mutta hän sanoi hänelle, "miksi sinä kutsut minua hyväksi? Ei ole hyvää, muuta kuin ainoastaan Jumala. Mutta jos sinä tahdot elämään sisälle, pidä käskyt."

18. Hän sanoi hänelle, "mutta mitkä?" Jeshua sanoi hänelle, "älä tapa, äläkä tee huorin, äläkä varasta, äläkä todista valheellista todistusta."

19. Ja kunnioita isääsi ja äitiäsi, ja rakasta lähimmäistäsi kuin omaa sieluasi.

20. Tuo nuorukainen sanoi hänelle, "nämä kaikki minä olen pitänyt, lapsuudestani saakka. Missä minä olen puutteellinen?"

21. Jeshua sanoi hänelle, "jos sinä tahdot tulla täydelliseksi; mene, myy omaisuutesi ja anna köyhille, ja sinulle on oleva aarre taivaissa, ja tule minun perässäni."

22. Mutta tuo nuorukainen kuuli tämän sanan, ja meni pois surullisena, sillä hänellä oli paljon omaisuutta.
23. Mutta Jeshua sanoi oppilailleen, "amen, minä sanon teille, että rikkaan on vaikea päästä sisään taivasten kuningaskuntaan."
24. Mutta vielä minä sanon teille, että helpompi on köyden mennä neulan silmästä sisään, kuin rikkaan mennä sisään Jumalan kuningaskuntaan.

Kameli, tarkalleen dromedaari, on gamla **ja paksu köysi on** gamala**, molemmat kirjoitetaan** גמלא **, joten molemmat lukutavat ovat oikein. Molemmat ovat kieliopillisesti tähän sopivia substantiiveja. Valitsin itse köyden, koska purkamalla säikeisiin, ts kovalla työllä, se onnistuu. Kameli sulkisi rikkaat kokonaan ulkopuolelle. Teoria Jerusalemissa olleesta kameliportista on mielestäni vähän epämääräinen, kyseinen portti kun nimettiin vasta myöhäisellä keskiajalla.**

25. Mutta kun ne oppilaat kuulivat sen, he olivat hyvin hämmästyneitä, ja sanoivat, "kuka sitten pystyy elämään?"
26. Jeshua katsoi heihin ja sanoi heille, "ihmisten kanssa tämä ei ole mahdollista, mutta Jumalan kanssa kaikki on mahdollista."
27. Silloin Keefa vastasi ja sanoi hänelle, "katso, me olemme jättäneet kaiken ja seuranneet sinua. Mitä siis me siitä saamme?"
28. Jeshua sanoi heille, "amen, minä sanon teille, että te, jotka olette minua seuranneet; siinä uudessa maailmassa, kun Ihmisen Poika istuu kirkkautensa valtaistuimella, myös te istutte kahdellatoista istuimella ja tuomitsette Israelin kahtatoista heimoa."
29. Ja jokainen, joka luopuu talosta, tai veljestä tai sisaresta, tai isästä tai äidistä, tai vaimosta tai lapsista, tai kylästä, minun nimeni tähden, on saava satakertaisesti, ja perivä iankaikkisen elämän.
30. Mutta monet ensimmäiset ovat oleva viimeisiä, ja viimeiset ensimmäisiä.

20. luku

1. Sillä taivasten kuningaskunta on miehen, talon isännän kaltainen, joka lähti aamulla palkkaamaan työmiehiä viinitarhalleen.
2. Mutta hän sopi työmiesten kanssa denarista päivässä, ja lähetti heidät viinitarhalleen.
3. Ja hän lähti ulos kolmannella hetkellä, ja näki toisia, jotka seisoivat torilla ja olivat työttömiä.
4. Ja hän sanoi heille, "menkää myös te siihen viinitarhaan, ja minä annan teille sen, mikä on oikeaa."
5. Mutta nämä menivät, ja hän lähti ulos vielä kuudennella ja yhdeksännellä hetkellä, ja teki samoin.
6. Ja yhdennentoista hetken lähellä hän lähti ulos, ja löysi toisia, jotka seisoivat ja olivat työttömiä. Ja hän sanoi heille, "mitä te seisotte kaiken päivää ja olette työttömiä?"
7. He sanoivat hänelle, "eipä ole kukaan meitä palkannut." Hän sanoi heille, "menkää myös te siihen viinitarhaan, ja te saatte sen, mikä on oikeaa."
8. Mutta kun oli ilta, viinitarhan isäntä sanoi palkanlaskijalleen, "kutsu työmiehet, ja anna heille heidän palkkansa, ja aloita viimeisestä, ja ensimmäiseen saakka."
9. Ja nämä, jotka tulivat yhdennellätoista hetkellä, saivat denarin. Denarin.
10. Ja kun ne ensimmäiset tulivat, he toivoivat, että saisivat enemmän, ja hekin saivat denarin. Denarin.
11. Ja kun he saivat sen, he valittivat talon isännälle.
12. Ja sanoivat, "nämä viimeiset ovat tehneet työtä yhden hetken, sinä olet tehnyt heidät samanarvoisiksi meidän kanssamme, jotka olemme kantaneet päivän kuorman ja kuumuuden!"
13. Mutta hän vastasi, ja sanoi yhdelle heistä, "ystäväni, en minä sinulle vääryyttä tee. Etkö ollut sopinut kanssani denarista?"
14. Ota omasi ja mene. Mutta minä tahdon antaa tälle viimeiselle saman kuin sinullekin.
15. Tai eikö minulle ole luvallista tehdä omallani, mitä

tahdon, tai oletko kateellinen siksi, että minä olen hyvä?
16. Samoin on oleva viimeiset ensimmäisinä, ja ensimmäiset viimeisinä. Sillä monet ovat kutsutut, ja harvat valittuja.
17. Mutta oli tulossa se, kun Jeshua oli menevä ylös Jerusalemiin, ja hän otti ne kaksitoista oppilasta vierelleen, ja ohjeisti heitä ja sanoi heille;
18. Katso, me menemme ylös Jerusalemiin, ja Ihmisen Poika luovutetaan papiston johtajille ja kirjanoppineille, ja hänet tuomitaan kuolemaan.
19. Ja hänet luovutetaan kansakunnille, ja he pilkkaavat häntä, ja ruoskivat hänet, ja teloittavat hänet, ja kolmantena päivänä hän on nouseva.

"teloittavat" on sanatarkasti "ripustavat hänet puuhun", futuurimuoto.

20. Silloin häntä lähestyi Zebadin poikien äiti - hän ja hänen poikansa – ja hän kumarsi häntä ja pyysi häneltä jotain;
21. Mutta hän sanoi hänelle, "mitä sinä haluat?" Hän sanoi hänelle, "sano, että nämä poikani istuisivat sinun kuningaskunnassasi, yksi oikealla puolellasi ja yksi vasemmalla puolellasi."
22. Jeshua vastasi ja sanoi, "te ette tiedä, mitä te pyydätte. Pystyttekö te juomaan sen maljan, jonka minä tulen juomaan, tai ottamaan sen kasteen, jolla minut kastetaan?" He sanoivat hänelle, "me pystymme."
23. Hän sanoi heille, "minun maljani te juotte, ja sillä kasteella, jolla minut kastetaan, teidätkin kastetaan. Mutta se, että istuisitte oikealla ja vasemmalla, ei ole minun annettavissani, vaan se on niille, jotka minun Isäni on siihen valmistanut."
24. Mutta kun ne kymmenen kuulivat sen, he vihastuivat näille kahdelle veljekselle.
25. Ja Jeshua kutsui heidät luokseen ja sanoi heille, "te tiedätte, että kansakuntien johtajat ovat heidän herroinaan, ja heidän päämiehillään on käskyvalta heihin."

26. Sillä tavalla ei ole teidän keskuudessanne, vaan joka teistä tahtoo olla suuri, olkoon teidän palvelijanne.
27. Ja joka teidän keskuudessanne tahtoo olla ensimmäinen, olkoon teidän työntekijänne.
28. Niin myös ei Ihmisen Poika tullut palveltavaksi, vaan palvelemaan, ja antamaan oman sielunsa, lunastukseksi monien puolesta.
29. Ja kun Jeshua lähti Jerikosta, hänen perässään tuli suuri kansanjoukko.
30. Ja katso, kaksi sokeaa oli istumassa tien sivussa, ja kun he kuulivat Jeshuan kulkevan siitä, he huusivat ja sanoivat, "armahda meitä, minun Herrani, Davidin poika!"
31. Mutta se väkijoukko nuhteli heitä, että olisivat hiljaa, ja he korottivat ääntään sitä enemmän, ja sanoivat, "meidän Herramme, Davidin poika, armahda meitä!"
32. Ja Jeshua pysähtyi, ja kutsui heidät luokseen ja sanoi, "mitä te tahdotte, että teille tekisin?"
33. He sanoivat hänelle, "meidän Herramme; että meidän silmämme aukenisivat."
34. Ja Jeshua armahti heitä, ja kosketti heidän silmiään, ja siinä silmänräpäyksessä heidän silmänsä aukenivat, ja he menivät hänen perässään.

21. luku

1. Ja kun hän lähestyi Jerusalemia ja tuli Beet-Fageen, Öljymäen rinteelle, Jeshua lähetti kaksi oppilastaan,

Beit Fage, rypäletalo.

2. ja sanoi heille, "menkää siihen kylään, joka on tuossa meitä vastapäätä, ja heti te löydätte aasin, joka on sidottu, ja varsan sen kanssa. Päästäkää se irti ja tuokaa minulle."
3. Ja jos joku sanoo teille jotain, sanokaa hänelle, että meidän Herramme tarvitsee niitä, ja lähettäkää ne heti tänne.
4. Mutta tämä tapahtui, että täyttyisi se, mitä on puhuttu

sen profeetan kautta, joka sanoo,
5. Sanokaa tytär Tsionille, katso, sinun kuninkaasi tulee sinulle, nöyrä hän on, ja ratsastaa aasilla, ja varsalla, aasin tamman pojalla.
6. Ja ne oppilaat menivät, ja tekivät niin kuin Jeshua käski heitä.
7. Ja he toivat sen aasin, ja varsan, ja asettivat vaatteitaan varsan päälle, ja Jeshua ratsasti sen yllä.
8. Ja se kansan paljous levitti vaatteitaan tielle, mutta toiset leikkasivat puista oksia ja laittoivat niitä tielle.

Tässä käytetty sana puu, אִילָן, ilan, on yleisnimi hedelmää tuottaville puille.

9. Mutta nämä kansanjoukot, jotka menivät hänen edellään ja tulivat hänen perässään, huusivat ja sanoivat, "hoshanna Davidin pojalle, siunattu olkoon hän, joka tulee Herran Jumalan nimessä, hoshanna korkeudessa!"
10. Ja kun hän astui sisään Jerusalemiin, koko kaupunki oli hämmästyksissään, ja he sanoivat, "kuka tämä on?"
11. Mutta kansanjoukko sanoi, "tämä on Jeshua, se profeetta, joka on Galilean Natsareth'sta".
12. Ja Jeshua meni sisään Jumalan temppeliin, ja ajoi ulos kaikki ne, jotka ostivat ja myivät temppelissä, ja kaatoi rahanvaihtajien pöydät ja niiden istuimet, jotka myivät kyyhkysiä.
13. Ja hän sanoi heille, "kirjoitettu on, että 'minun huoneeni on kutsuttava rukoushuoneeksi', mutta te olette tehneet siitä varkaiden luolan."
14. Ja temppelissä hänelle tuotiin sokeita ja rampoja, ja hän paransi heidät.
15. Mutta kun pappien johtajat ja fariseukset näkivät ne ihmeteot, joita hän teki, ja lapset, jotka huusivat temppelissä ja sanoivat "hoshanna Davidin pojalle", se pahastutti heitä.
16. Ja he sanoivat hänelle, "kuuletko sinä, mitä nämä sanovat?" Jeshua sanoi heille, "niin, ettekö ole entisajoista asti lukeneet, että lasten ja imeväisten suusta

minä olen ylistyslaulun valmistanut?".

Jälleen kerran, Psalmin 8 lainaus ei mene yhdenkään nykyaikana tunnetun tekstin mukaan.

17. Ja hän jätti heidät, ja lähti kaupungin ulkopuolelle, Beit-Aniaan, ja yöpyi siellä.
18. Mutta aamulla, kun hän palasi kaupunkiin, hän oli nälkäinen.
19. Ja hän näki yhden viikunapuun, tien reunassa, ja hän tuli sen luokse, eikä löytänyt siitä mitään – ainoastaan lehtiä. Ja hän sanoi sille, "ei ole sinussa oleva enää milloinkaan hedelmää", ja samassa se viikunapuu kuivettui.
20. Ja oppilaat näkivät sen, ja ihmettelivät ja sanoivat, "kuinka se viikunapuu silmänräpäyksessä kuivettui?"
21. Jeshua vastasi ja sanoi heille, "amen, minä sanon teille, että jos teissä olisi uskoa, ettekä epäröi, te ette ainoastaan tee tätä viikunapuulle, vaan te myös sanotte tälle vuorelle, että nouse ja hyppää mereen, ja se on tapahtuva."
22. Ja kaiken, mitä te pyydätte rukouksen kautta, ja uskotte, te tulette saamaan.
23. Ja kun Jeshua tuli temppeliin, lähestyivät pappien johtajat ja kansan vanhimmat häntä, kun hän opetti, ja sanoivat hänelle, "millä vallalla sinä näitä teet, ja kuka sinulle antoi tämän käskyvallan?"
24. Jeshua vastasi ja sanoi heille, "minä myös kysyn teiltä yhden sanan, ja jos kerrotte sen minulle, myös minä sanon teille, millä käskyvallalla minä nämä teen."
25. "Mistä Johannan'n kaste oli? Oliko se taivaista vai ihmisistä?" Mutta he neuvottelivat keskenään, ja sanoivat, että "jos sanomme, taivaista, hän sanoo meille, miksi sitten ette uskoneet häntä?"
26. Ja sanoessamme "ihmisistä", saamme pelätä tuota kansanjoukkoa, sillä he kaikki pitivät häntä, Johannan'ia, kuin profeettana.
27. He vastasivat ja sanoivat hänelle, "me emme tiedä." Jeshua sanoi heille, "en mi-

näkään sano teille, minkä käskyvallan kautta minä näitä teen."
28. Mutta miltä teistä näyttää; oli yksi mies, jolla oli kaksi poikaa. Ja hän kutsui ensimmäisen luokseen, ja sanoi hänelle, "poikani, mene tänään viinitarhaan töihin."
29. Mutta hän vastasi ja sanoi, "minä en halua." Mutta myöhemmin hän katui, ja meni.
30. Ja hän tuli toisen luokse, ja sanoi hänelle samoin. Mutta hän vastasi ja sanoi, "menen, herrani", eikä mennyt.
31. Kumpi näistä kahdesta teki isänsä tahdon? He sanoivat hänelle, "se ensimmäinen." Jeshua sanoi heille, "amen, minä sanon teille, että veronkerääjät ja huorat menevät ennen teitä Jumalan kuningaskuntaan."
32. Sillä Johannan tuli teidän luoksenne, vanhurskauden tien kautta, ettekä te uskoneet, mutta veronkerääjät ja huorat uskoivat. Mutta vaikka te näitte, te ette myöhemminkään katuneet, että olisitte hänen kauttaan uskoneet.
33. Kuulkaa toinenkin vertaus; oli eräs mies, talon isäntä, ja hän istutti viinitarhan ja ympäröi sen aidalla, ja kaivautti siihen viinipuristamon, ja rakennutti siihen tornin, ja antoi sen työmiesten hoitoon ja lähti matkalle.
34. Mutta kun hedelmän aika oli tullut, hän lähetti omia palvelijoitaan työmiesten luokse, että lähettäisivät hänelle hänen viinitarhansa hedelmiä.
35. Ja ne työmiehet sitoivat hänen palvelijansa, ja he pahoinpitelivät ja kivittivät, ja tappoivat hänet.
36. Ja taas hän lähetti toisia palvelijoita, joita oli enemmän kuin se ensimmäinen, ja heille tehtiin samoin.
37. Mutta viimein hän lähetti heidän luokseen oman poikansa, sanoen, "varmasti he arvostavat poikaani."
38. Mutta kun työmiehet näkivät sen pojan, he sanoivat keskenään, "tämä on se perillinen. Tulkaa, tappakaamme hänet, ja ottakaamme hänen perintöosansa."

39. Ja he veivät hänet kiinniotettuna ulos viinitarhasta, ja tappoivat hänet.
40. Sen tähden silloin, kun viinitarhan isäntä tulee, mitä hän on tekevä näille työmiehille?
41. He sanoivat hänelle, "ne pahat hän pahasti hävittää, ja viinitarhan hän antaa toisten hoidettavaksi, sellaisille työmiehille, jotka antavat hänelle hedelmää aikanaan."
42. Jeshua sanoi heille, "ettekö ole koskaan kirjoituksista lukeneet, että se kivi, jonka rakentajat hylkäsivät, on tullut kulman pääksi. Herran luota tämä on, ja se on ihmeellistä meidän silmissämme?"
43. Tämän tähden minä sanon teille, että Jumalan kuningaskunta otetaan teiltä pois, ja se annetaan kansakunnalle, joka tekee hedelmää.
44. Ja kuka tämän kiven päälle putoaa, särkyy, ja jokainen, joka siihen kompastuu, rikkoo itsensä.
45. Ja kun pappien johtajat ja fariseukset kuulivat hänen vertauksensa, he tiesivät, että hän oli puhunut heitä vastaan.
46. Ja he etsivät tilaisuutta ottaa hänet kiinni, mutta pelkäsivät kansanjoukkoa, koska he pitivät häntä kuin profettana.

22. luku

1. Ja taas Jeshua vastasi vertauksen kautta, ja sanoi;
2. Taivasten kuningaskunta on verrattavissa mieheen, kuninkaaseen, joka valmisti pojalleen hääjuhlaa.
3. Ja hän lähetti palvelijoitaan, että kutsuisivat kutsuttuja siihen hääjuhlaan, mutta he eivät tahtoneet tulla.
4. Vielä hän lähetti toisia palvelijoita, ja sanoi, "kerro niille kutsutuille, että katso, minun ateriani on valmiina, ja minun härkäni ja vasikkani on teurastettu, ja kaikki on valmista – tulkaa hääjuhlaan!"
5. Mutta he kieltäytyivät, ja menivät, yksi pellolleen ja toinen kauppapaikalleen.
6. Mutta ne loput ottivat kiinni hänen palvelijansa, ja

pahoinpitelivät ja tappoivat heidät.
7. Mutta kun kuningas kuuli siitä, hän vihastui, ja lähetti oman sotajoukkonsa tuhoamaan nämä murhaajat, ja polttamaan heidän kaupunkinsa.
8. Silloin hän sanoi palvelijoilleen, "hääjuhla on valmiina, ja nämä, jotka olivat kutsuttuja, eivät olleet siihen arvollisia."
9. Sen tähden, menkää teiden äärille, ja kutsukaa hääjuhlaan kaikki, kenet löydätte.
10. Ja nämä palvelijat lähtivät teille, ja kokosivat kaikki, joita löysivät, hyvät ja pahat, ja häätalo täyttyi vieraista.
11. Ja kuningas astui sisään, nähdäkseen vieraat, ja hän näki siellä miehen, joka ei ollut pukeutunut häävaatteisiin.
12. Ja sanoi hänelle, "ystäväni, kuinka sinä olet tänne sisälle tullut, kun sinulla ei ole hääjuhlan pukua?" Mutta hän oli sanaton.
13. Silloin kuningas sanoi palvelijoille, "sitokaa hänen kätensä ja jalkansa, ja heittäkää hänet siihen pimeyden luomukseen. Siellä on oleva itku ja hammasten kiristys."
14. Sillä monet ovat kutsuttuja, ja harvat valittuja.
15. Sitten fariseukset menivät neuvottelemaan, että kuinka he saisivat hänet kiinni sanan kautta.
16. Ja he lähettivät hänen luokseen oppilaitaan, Herodeksen huonekunnan kanssa, ja he sanoivat hänelle, "opettaja, me tiedämme, että sinulla on totuus, ja sinä opetat Jumalan Tooraa totuudessa, etkä suosi ketään, sillä sinä et ole puolueellinen."
17. Sen tähden, sano meille, miltä sinusta näyttää, onko luvallista antaa henkilöveroa keisarille vai ei?
18. Mutta Jeshua tiesi heidän pahantahtoisuutensa, ja sanoi, "miksi te puolueelliset koettelette minua?"
19. "Näyttäkää minulle henkilöveron denari." Niin hänelle tuotiin denari.
20. Ja Jeshua sanoi heille, "kenen kuva tämä on, ja kirjoitus?"
21. He sanoivat, "keisarin." Hän sanoi heille, "Sen tähden, antakaa keisarin omat

Matteus 22.

67

keisarille ja Jumalan omat Jumalalle."

22. Ja kun he kuulivat tämän, he hämmästyivät, ja jättivät hänet ja menivät pois.

23. Sinä päivänä häntä lähestyivät saddukeukset, ja he sanoivat hänelle, "eihän kuolleille ole elämää?" Ja he kysyivät sitä häneltä.

24. Ja he sanoivat hänelle, "opettaja, Moshe sanoi meille, että jos mies kuolee ilman lapsia, ottakoon hänen veljensä hänen vaimonsa, ja nostakoon siemenen veljelleen."

25. Mutta meidän luonamme oli seitsemän veljestä. Ensimmäinen otti vaimon, ja kuoli, eikä hänen vaimonsa jättänyt lapsia veljelleen.

26. Samoin myös toinen, ja myös kolmas, seitsemänteen saakka.

27. Mutta heidän kaikkien jälkeen myös se vaimo kuoli.

28. Sen tähden, kenelle näistä seitsemästä hän on oleva vaimo, ylösnousemuksessa, sillä he kaikki olivat hänet ottaneet?

29. Jeshua vastasi ja sanoi heille, "te eksytte, kun ette tunne kirjoituksia, ettekä Jumalan voimaa."

30. Sillä kuolleiden ylösnousemuksessa ei oteta vaimoja, eikä naisia miehille, vaan taivaissa ollaan niin kuin Jumalan enkelit.

31. Mutta kuolleiden ylösnousemuksesta; ettekö te ole lukeneet sitä, mitä on teille sanottu Jumalasta, joka sanoi,

32. Että minä olen Abrahamin Jumala, Ishakin Jumala, Jakobin Jumala, eikä Jumala ole kuolleiden, vaan elävien.

33. Ja kun se kansanjoukko kuuli hänen opetuksensa, he olivat hämmästyksissään.

34. Mutta kun fariseukset kuulivat, että hän oli saanut zadokilaiset hiljaisiksi, he kokoontuivat yhteen.

35. Ja yksi heistä, joka tunsi kirjoitetun sanan, kysyi häneltä, koetellen häntä;

36. Opettaja, mikä on se suuri käsky kirjoitetussa sanassa?

37. Mutta Jeshua sanoi hänelle, että "rakasta Herraa, sinun Jumalaasi, kaikesta sydämestäsi ja kaikesta sielustasi, ja kaikesta voimastasi ja kaikesta mielestäsi."

38. Tämä on se suuri, ja ensimmäinen käsky.
39. Ja toinen, joka on sen vertainen, että "rakasta lähimmäistäsi kuin omaa sieluasi."
40. Näissä kahdessa käskyssä riippuvat Toora ja profeetat.
41. Mutta kun fariseukset olivat koolla, Jeshua kysyi heiltä;
42. Ja hän sanoi, "mitä te sanotte Messiaasta, kenen poika hän on?" He sanoivat hänelle, "Davidin poika."

Tähän aikaan juutalaisilla oli väittely siitä, onko Messias Davidin poika – rauhan ruhtinas – vai Josefin poika – sodan ruhtinas. Asiasta on paljon keskustelua mm. Talmudin lehdillä

43. Hän sanoi heille, "ja kuinka David hengessä kutsui häntä Herraksi, sillä hän sanoi;"
44. Herra sanoi minun Herralleni, istu oikealle puolelleni, kunnes minä asetan sinun vastustajasi sinun jalkojesi alle.
45. Sen tähden, jos David kutsui häntä Herraksi, kuinka hän on hänen poikansa?
46. Ja kukaan ei voinut hänelle antaa vastausta, eikä kukaan uskaltanut enää siitä päivästä lähtien kysyä mitään.

23. luku

1. Sitten Jeshua puhui sen kansanjoukon kanssa, ja oppilaidensa kanssa,
2. Ja hän sanoi heille, "Moshen istuimen yllä istuvat kirjanoppineet ja fariseukset,"
3. Sen tähden kaikki, mitä he käskevät teidän pitää, pitäkää ja tehkää, mutta älkää heidän tekojensa mukaan, sillä he puhuvat, mutta eivät tee.
4. Ja he sitovat raskaita taakkoja, ja asettavat niitä ihmisten hartioille, mutta omilla sormillaan he eivät tahdo niitä koskettaakaan.
5. Ja kaikki tekonsa he tekevät, että ihmiset näkisivät, sillä he pitkittävät rukouksiaan, ja pehmentävät viittojensa tupsuja.

6. Ja he rakastavat johtajien asemaa juhlissa, ja johtajien tuoleja kokouspaikoissa.
7. Ja "shalom!" toreilla, ja että ihmiset kutsuisivat heitä suuriksi.
8. Mutta älkää te kutsuko ketään suureksi, sillä hän, yksi, on teille "suuri". Mutta te kaikki olette veljiä.
9. Ja isäksi älkää kutsuko ketään maan päällä, sillä hän on yksi, joka on teidän taivaallinen isänne.
10. Älkääkä kutsuko ketään johtajaksi, koska teidän johtajanne, Messias on yksi.
11. Mutta hän, joka teidän keskuudessanne on oleva suuri, olkoon teidän palvelijanne.
12. Sillä joka korottaa oman sielunsa, nöyryytetään, ja kuka nöyryyttää sielunsa, korotetaan.
13. Voi teitä, kirjanoppineet ja fariseukset, puolueelliset, jotka syötte leskien kodit uhrin kautta, jotka venytätte pitkiksi rukouksianne – tämän tähden te saatte suuremman tuomion.
14. Voi teitä, kirjanoppineet ja fariseukset, puolueelliset, jotka suljette taivasten kuningaskunnan ihmisten edestä, sillä te ette itse ole sisälle menossa, ja niille, jotka ovat menossa, te ette salli heidän mennä.
15. Voi teitä, kirjanoppineet ja fariseukset, puolueelliset, jotka matkustelette merellä ja maassa, tehdäksenne yhden käännynnäisen, ja kuka sellaiseksi tulee, te teette hänestä helvetin lapsen, kaksi kertaa enemmän kuin itse olette.
16. Voi teitä, sokeat oppaat, jotka sanotte, että kuka vannoo temppelin kautta, ei ole mitään, mutta kuka vannoo temppelissä olevan kullan kautta, on siihen sitoutunut.
17. Tyhmät ja sokeat, kumpi on suuri, kulta vai temppeli, joka sen kullan pyhittää?
18. Ja kuka vannoo alttarin kautta, ei ole mitään, mutta kuka vannoo sen lahjan kautta, joka on sen päällä, on siihen sitoutunut.
19. Tyhmät ja sokeat, kumpi on suuri, lahja vai alttari, joka sen lahjan pyhittää?
20. Sen tähden, joka vannoo alttarin kautta, vannoo sen kautta ja kaiken sen kautta, mitä on sen päällä.

21. Ja kuka vannoo temppelin kautta, vannoo sen kautta ja hänen kauttaan, joka siinä asustaa.
22. Ja kuka vannoo taivasten kautta, vannoo Jumalan valtaistuimen kautta ja hänen kauttaan, joka sen päällä istuu.
23. Voi teitä, kirjanoppineet ja fariseukset, puolueelliset, jotka annatte kymmenyksiä mintusta ja tillistä ja kuminasta, ja hylkäätte kirjoitetun sanan kunnioitettavat asiat; tuomion ja armon ja uskollisuuden. Mutta nämä on pakko tehdä, älkääkä näitä hylätkö.
24. Te sokeat oppaat, jotka siivilöitte hyttysen ja nielette kamelin!
25. Voi teitä, kirjanoppineet ja fariseukset, puolueelliset, jotka pesette maljan ja astian ulkopuolen, mutta sisältä ne ovat täynnä ryöstöä ja vääryyttä!
26. Sokeat fariseukset; puhdistakaa ensin se maljan ja astian sisäpuoli, että myös se ulkopuoli olisi puhdas!
27. Voi teitä, kirjanoppineet ja fariseukset, puolueelliset, jotka olette samanlaisia kuin ne haudat, joita te valkaisette ulkopuolelta, että niiden ulkonäkönsä ovat kauniita, mutta sisäpuolelta ne ovat täynnä kuolleiden luita ja kaikenlaista saastutusta!
28. Samoin myös te, te näytätte ihmislapsille vanhurskailta, ja sisäpuolelta te olette täynnä vääryyttä ja puolueellisuutta.
29. Voi teitä, kirjanoppineet ja fariseukset, puolueelliset, jotka rakennatte profeettojen hautoja ja koristelette vanhurskaiden hautaholveja!
30. Ja te sanotte, että jos olisimme isiemme päivissä, emme olisi olleet osallisia profeettojen vereen.
31. Te siis todistatte omia sielujanne vastaan, että te olette niiden lapsia, jotka murhasivat profeetat.
32. Ja myös te; täyttäkää isienne mitta!
33. Käärmeet, te kyykäärmeiden jälkeläiset, kuinka pakenisitte helvetin tuomiota?
34. Katso, tämän tähden minä lähetän luoksenne profeettoja ja viisaita ja kirjanoppineita; joitakin te

murhaatte ja teloitatte, ja joitakin ruoskitte kokouspaikoissanne, ja ajatte heitä takaa, kaupungista kaupunkiin.
35. Niin on siis tuleva teidän yllenne kaikki vanhurskaiden veri, joka on maan päällä vuodatettu, vanhurskaan Abelin verestä, Sakarjan, Barakian pojan vereen saakka, hänen, jonka te murhasitte temppelin ja alttarin välille.

Talmudissa on mielenkiintoinen kertomus Sakarjan verestä, joka kupli kiehuvan kaltaisena maassa, kunnes babylonialaiset olivat vuodattaneet tarpeeksi papiston verta. Heidän omien historian kirjojensa mukaan Sakarjan kuollessa "urim ja tummim" lakkasivat vastaamasta, ja enkeli lakkasi ilmestymästä ylipapille. Vuosisatoja myöhemmin, sama enkeli ilmestyy uudelleen Johanneksen isälle, josta Luukas meille kertoo... Abelin verestä (tai "veristä") on niin paljon kirjoituksia juutalaisessa historiassa, että niistä saisi paksun kirjan.

36. Amen, minä sanon teille, että kaikki nämä tulevat tämän sukupolven päälle.
37. Jerusalem, Jerusalem, profeettojen murhaaja ja kivittäjä, näiden, jotka on sen luokse lähetetty! Kuinka monta kertaa olenkaan minä tahtonut koota sinun lapsesi, niin kuin kana kokoaa poikasensa siipensä alle, ja te ette ole tahtoneet.
38. Katso, teidän talonne jäävät autioiksi.
39. Sillä minä sanon teille, että te ette minua tästä lähtien näe, ennen kuin sanotte, että "siunattu olkoon hän, joka tulee Herran nimessä."

24. luku

1. Ja Jeshua meni pois temppelistä, lähteäkseen, ja hänen oppilaansa lähestyivät häntä, näyttäen hänelle temppelin rakennuksia.
2. Mutta hän sanoi heille; ei, katso, tehän näette kaikki nämä; amen, minä sanon teille, ettei tähän ole jäävä jäljelle kiveä kiven päälle, jota ei kaadettaisi maahan.

3. Ja kun Jeshua istui Öljymäen päälle, hänen oppilaansa tulivat, ja puhuivat keskenään ja sanoivat hänelle; milloin nämä tapahtuvat, ja mikä on se merkki sinun tulemuksestasi, ja maailman lopusta?
4. Jeshua vastasi ja sanoi heille; varokaa, ettei kukaan eksytä teitä.
5. Sillä monet tulevat minun nimessäni, ja sanovat, että "minä olen voideltu", ja pettävät monia.
6. Mutta te tulette kuulemaan taisteluja, ja näkemään sanomia sodista. Älkää murehtiko, sillä kaiken tämän täytyy tapahtua, mutta se ei ole vielä se loppu.
7. Sillä on nouseva kansakunta kansakuntaa vastaan, ja kuningaskunta kuningaskuntaa vastaan, ja monissa paikoissa on oleva nälänhätää ja vitsauksia ja maanjäristyksiä.
8. Mutta nämä kaikki ovat murheiden alkua.
9. Silloin teitä viedään kärsimyksiin, ja teitä tapetaan, ja te olette kaikkien kansakuntien vihaamia, minun nimeni tähden.
10. Silloin monet kompastuvat, ja toinen vihaa toistaan, ja toinen johdattaa toisensa pois.
11. Ja monet valheen profeetat nousevat, ja eksyttävät monia.
12. "Ja vääryyden runsauden tähden, kylmenee monien rakkaus."

Lainaus juutalaisesta kirjallisuudesta. Toldot Jitshak jatkaa lausetta, "...mutta Messiaan päivinä tuo vääryys on poissa."

13. se, joka valvoo loppuun saakka, hän saa elämän.
14. Ja tämä kuningaskunnan evankeliumi julistetaan kaikessa maailmassa, kaikkien kansakuntien todistukseksi, ja silloin se loppu tulee.
15. Mutta kun te näette merkin; se "hävityksen kauhistus", josta on puhuttu profeetta Danielin kautta, joka seisoo pyhyyden paikassa – joka lukee, ajatelkoon!
16. Silloin nämä, jotka ovat Juudeassa, paetkoon vuorille!

17. Ja hän, joka on katolla, älköön laskeutuko ottamaan sitä, mikä on hänen talossaan

18. Ja se, joka on pellolla, älköön palatko takaisin, noutamaan vaatteitaan.

19. Mutta voi raskaita ja niitä, jotka imettävät niinä päivinä!

20. Mutta rukoilkaa, ettei teidän pakonne tapahtuisi talvella eikä shabatin päivänä.

21. Sillä silloin on oleva sellainen valtava ahdistus, jota ei ole ollut maailman alusta lähtien, tähän saakka, eikä tule enää olemaan.

22. Ja jos niitä päiviä ei lyhennettäisi, ei mikään liha voisi elää, mutta valittujen tähden ne päivät lyhennetään.

23. Jos silloin joku ihminen sanoo teille, "täällä on se voideltu", tai siellä – älkää uskoko!

24. Sillä on nouseva vääriä voideltuja ja valheiden profeettoja, ja he antavat suuria merkkejä, eksyttääkseen, jos mahdollista, jopa ne valitutkin.

25. Katso, minä olen edeltä sanonut sen teille.

26. Sen tähden, jos teille sanotaan, "katso, hän on erämaassa", älkää lähtekö, tai että "katso, hän on tuolla sisällä", älkää uskoko.

27. Sillä aivan kuten salama, joka lähtee idästä ja näkyy länteen saakka, niin on oleva ihmisen pojan tulemus.

28. Missä ruumis on, siellä kotkat kokoontuvat.

29. Mutta heti näiden ahdistuksen päivien jälkeen, aurinko pimenee, eikä kuu näytä valkeuttaan, ja tähtiä putoaa taivaista, ja taivasten voimia järisytetään.

30. Ja silloin taivaissa tulee näkyviin ihmisen pojan merkki, ja silloin kaikki maan perhekunnat tanssivat, ja he näkevät sen ihmisen pojan, joka tulee pilvien yllä, taivasten voimien ja monien ylistysten kanssa.

"Merkki" on tässä kohdassa hääjuhlien alkamisen merkki. Täysin eri sana kuin tavalliset "merkit".

31. Ja hän lähettää enkelinsä, sen suuren pasuunan

kanssa, ja he kokoavat ne valitut, hänen omansa, neljästä tuulesta, ja taivasten ääriin saakka.

32. Mutta oppikaa viikunapuusta vertaus, että heti, kun sen oksat taipuvat ja sen lehdet alkavat kasvaa, te tiedätte, että kesä on tulossa.

33. Myös kun te näette kaikki nämä, tietäkää, että on tullut sen pasuunan puhaltaminen.

34. Amen, minä sanon teille, ettei tällainen auringon polte katoa, ennen kuin kaikki nämä tapahtuvat.

Israelin maan kesäauringon kuumuus, shrebtha, **on Jastrowin sanakirjasta valittu tähän, ja sopii edeltäviin sanoihin. Matt. 1: 17 sana on kyllä "sukupolvi"-merkityksessä, mutta silloin vokaalien kanssa** sharbetha. **Kun vokaaleja ei ole merkitty, molemmat lukutavat ovat arameasta mahdollisia.**

35. Taivaat ja maa katoavat – ja minun sanani eivät katoa.

36. Mutta siitä päivästä ja siitä hetkestä ei kukaan ihminen tiedä, eivätkä taivasten enkelit, vaan isä yksin.

37. Mutta aivan niin kuin oli Noah'n päivinä, niin on oleva ihmisen pojan tulemuskin.

38. Sillä aivan niin kuin he olivat ennen sitä vedenpaisumusta; syötiin ja juotiin, ja otettiin vaimoja ja annettiin miehille, kunnes tuli se päivä, kun Noah meni sisälle arkkiin.

39. Eivätkä tienneet, ennen kuin se tulva tuli, ja vei heidät kaikki. Näin on ihmisen pojankin tulemus oleva.

40. Silloin on kaksi miestä oleva pellolla; toinen otetaan kiinni ja toinen jätetään jäljelle.

Targumissa sanaa kiinniottamisesta käytetään 1. Moos. 19: 15, "Aamun sarastaessa enkelit tarttuivat Lootiin, sanoen...". Aramean ja hebrean teksteissä tempausoppi menee mm. Job. 27: 8, ja Ps. 26: 9 ja 28: 3 mukaan. Ainakin tässä, ja muutamassa muussakin kohdassa. Bauscher on kääntänyt sanan "vankeu-

teen viemiseksi", itse en ihan sille linjalle lähde, juuri tuon 1. Moos. 19: 15 tähden, tai vaikka Jes. 3: 8 Tg "gli"- joka olisi oikeasti vankeuteen viemistä. Muissa käännöksissä "toinen otetaan", sana ei kuitenkaan ole ihan tavallista "ottamista". Eikä mitään pois tempaamista. Filippuksen tempaamisesta Apt. 8: 39 käytetään sanaa חטפה joten se ei sovi tähän mitenkään

41. Ja kaksi naista on myllyssä jauhamassa; yksi otetaan kiinni ja se toinen jätetään jäljelle.
42. Sen tähden, herätkää, sillä te ette tiedä, minä hetkenä teidän Herranne tulee!
43. Mutta tietäkää tämä, että jos talon omistaja olisi tiennyt, minkä vartiohetken aikana varas tulee, hän olisi ollut hereillä, eikä olisi sallinut, että taloonsa murtaudutaan.
44. Tämän tähden, olkaa myös te valmiina, koska sillä hetkellä, kun te ette odota, ihmisen poika tulee.
45. Kuka siis on sellainen viisas ja uskollinen palvelija, jonka hänen isäntänsä on määrännyt hänen talonsa lapsia hoitamaan, että antaisi heille ruokaa ajallaan?
46. Hänen siunauksensa sille työntekijälle, jonka hänen isäntänsä, hänen tullessaan, löytää tätä tekemästä!
47. Amen, minä sanon teille, että hän on asettava hänet kaiken sen ylle, mitä hänellä on.
48. Mutta jos työntekijä – se paha – sanookin sydämessään, "minun isäntäni tulo viipyy",
49. ja alkaa lyömään ystäviään, ja syömään ja juomaan juopuneiden kanssa,
50. sen palvelijan isäntä tulee sellaisena päivänä, jota hän ei toivo, ja hetkessä, josta hän ei tiedä.
51. Ja hän heittää hänet alas, ja asettaa hänen osansa olemaan puolueellisten kanssa. Siellä on oleva itku ja hammasten kiristys.

25. luku

1. Silloin taivasten kuningaskunta on verrattava kymmeneen neitsyeen, niihin, jotka

ottivat lamppunsa ja menivät sulhasta ja morsianta vastaan.
2. Mutta viisi heistä oli viisaita, ja viisi tyhmää.
3. Ja nämä tyhmät ottivat lamppunsa, eivätkä ottaneet öljyä mukaansa.

Meshcha on oliiviöljyn lisäksi voitelua. Jerusalemin ympäristössä oli Jeshuan aikana öljypuristamoja

4. Mutta nämä viisaat ottivat öljyä astioissa, lamppujensa kanssa.
5. Mutta kun sulhanen viipyi, he kaikki väsyivät, ja nukahtivat.
6. Ja keskellä yötä huudettiin, "katso, sulhanen tulee! Menkää häntä vastaan!"
7. Silloin he kaikki nousivat, ja laittoivat lamppunsa entiselleen.
8. Mutta nämä tyhmät sanoivat niille viisaille, "antakaa meille teidän öljystänne, katso, meidän lamppumme ovat sammuneet."
9. Nämä viisaat vastasivat ja sanoivat, "miksi? Ei sitä ole tarpeeksi meille ja teille, mutta menkää te myyjien luokse, ja ostakaa sitä itsellenne."
10. Ja kun he menivät ostamaan, sulhanen tuli, ja ne, jotka olivat valmiina, astuivat hänen kanssaan sisään juhlataloon, ja ovi lukittiin.
11. Mutta sen jälkeen myös nämä toiset tulivat, ja sanoivat, "herramme, herramme, avaa meille!"
12. Mutta hän vastasi ja sanoi heille, "amen, minä sanon teille, että minä en teitä tunne."
13. Sen tähden, herätkää! Sillä te ette tiedä sitä päivää, ettekä sitä hetkeä.
14. Sillä niin kuin se mies, joka lähti matkalle, kutsui palvelijansa ja luotti heille omaisuutensa.
15. Yhdelle hän antoi viisi talenttia, ja toiselle kaksi, ja yhdelle yhden, jokaiselle taidollisuutensa mukaan, ja hän matkusti pois.
16. Mutta hän, joka oli saanut viisi talenttia, meni, ja teki niiden kautta kauppaa, ja anaitsi toiset viisi.
17. Ja samoin myös hän, jolla oli ne kaksi, ansaitsi toiset kaksi.

18. Mutta hän, joka oli saanut yhden, meni, kaivoi maata ja hautasi sen isäntänsä rahan.
19. Mutta pitkän ajan kuluttua näiden palvelijoiden isäntä tuli, ja otti tilintekoa heistä.
20. Ja hän kutsui sen, joka oli saanut viisi talenttia, ja hän toi toisetkin viisi, ja sanoi, "herrani, viisi talenttia sinä minulle annoit, katso, toiset viisi minä olen niiden päälle ansainnut."
21. Hänen isäntänsä sanoi hänelle, "hyvä, sinä hyvä ja uskollinen palvelija. Vähässä sinä olet ollut uskollinen, minä asetan sinut monien ylle. Mene sisään sinun herrasi iloon!"
22. Ja hän kutsui sen, joka oli saanut kaksi talenttiaan, ja hän sanoi, "herrani, kaksi talenttia sinä minulle annoit, katso, toiset kaksi minä olen niiden päälle ansainnut."
23. Hänen isäntänsä sanoi hänelle, "hyvä, sinä hyvä ja uskollinen palvelija. Vähässä sinä olet ollut uskollinen, minä asetan sinut monien ylle. Mene sisään sinun herrasi iloon!"
24. Mutta myös se tuli, joka oli saanut yhden talentin, ja sanoi, "herrani, minä tiesin, että sinä olet ankara mies, ja sinä niität, mistä et ole kylvänyt, ja kokoat sieltä, mistä sinä et ole puinut."
25. Ja minä pelkäsin, ja menin, ja hautasin talenttisi maahan. Katso, tässä sinulle se, mikä on sinun.
26. Hänen isäntänsä vastasi ja sanoi hänelle, "sinä paha ja laiska palvelija, sinä tiesit, että minä niitän, mistä en ole kylvänyt, ja minä kokoan sieltä, mistä en ole puinut."
27. Eikö sinun olisi tullut luovuttaa minun rahani rahanvaihtajalle, ja minä olisin tullut ja saanut omani korkonsa kanssa?
28. Sen tähden, ottakaa se talentti häneltä, ja antakaa hänelle, jolla on kymmenen talenttia.
29. Sillä sille, jolla on, annetaan, ja hänelle lisätäänkin, mutta sille, jolla ei ole, otetaan sekin pois, mitä hänellä on.
30. Ja se hyödytön työntekijä heitettiin ulos pimeyteen. Siellä on oleva itku ja hammasten kiristys.

31. Mutta kun Ihmisen Poika tulee ylistyksessään, ja kaikki pyhät enkelinsä hänen kanssaan, silloin hän on istuva kirkkautensa valtaistuimen yllä.
32. Ja hänen edessään kokoontuvat kaikki kansakunnat, ja hän erottelee ne toinen toisestaan, niin kuin paimen, joka erottelee lampaat vuohista.
33. Ja hän on asettava lampaat oikealle puolelleen, ja vuohet vasemmalle puolelleen.
34. Silloin kuningas on sanova niille, jotka ovat hänen oikealla puolellaan; tulkaa, minun isäni siunatut. Perikää se kuningaskunta, joka oli teitä varten valmistettu, maailman perustamisesta alkaen.
35. Sillä minä olin nälkäinen, ja te annoitte minulle syötävää, ja minä olin janoinen, ja te annoitte minulle juotavaa. Minä olin vieras, ja te otitte minut keskuuteenne.
36. Minä olin alaston, ja te vaatetitte minut. Minä olin sairas, ja te piditte minusta huolen, ja minä olin vankilassa, ja te tulitte minun luokseni.
37. Silloin nämä vanhurskaat sanovat hänelle, "meidän Herramme, milloin me näimme sinut nälkäisenä, ja sinua ruokimme, tai janoisena, ja sinua juotimme?"
38. Ja milloin me näimme, että sinä olit muukalainen, ja otimme sinut joukkoomme, tai että olit alaston, ja sinut vaatetimme?
39. Ja milloin me näimme sinut sairaana, tai vankilassa, ja tulimme sinun luoksesi?
40. Ja kuningas vastaa ja sanoo, "amen, minä sanon teille, että niin kuin te olette tehneet yhdelle näistä vähäisistä veljistäni, sen te olette tehneet minulle."
41. Silloin hän myös sanoo niille, jotka ovat hänen vasemmalla puolellaan, "menkää pois minun luotani, te kirotut, siihen iankaikkiseen tuleen, joka on valmistettu paholaiselle ja hänen enkeleilleen!"
42. Sillä minä olin nälkäinen, ettekä te antaneet minulle syötävää, ja minä olin janoinen, ettekä te antaneet minulle juotavaa.

Matteus 25.

79

43. Ja minä olin muukalainen, ettekä te ottaneet minua joukkoonne, ja alaston, ettekä te vaatettaneet minua, ja minä olin sairas ja vankilassa, ettekä te hoitaneet minua.
44. Silloin vastaavat myös nämä, ja sanovat, "meidän Herramme, milloin me näimme sinut nälkäisenä tai janoisena, tai muukalaisena tai alastomana, tai sairaana tai vankilassa, emmekä sinua palvelleet?"
45. Silloin hän vastaa ja sanoo heille, "amen, minä sanon teille, että niin kuin olette jättäneet tekemättä yhdellä näistä vähäisistä, sen te olette jättäneet tekemättä myös minulle."
46. Ja nämä menevät iankaikkiseen kidutukseen, ja vanhurskaat iankaikkiseen elämään.

26. luku

1. Ja tapahtui, että kun Jeshua oli lopettanut ne kaikki puheet, hän sanoi nämä sanat oppilailleen;

2. Te tiedätte, että kahden päivän jälkeen on pääsiäinen, ja Ihmisen Poika petetään, että puuhun ripustettaisiin.
3. Silloin kokoontuivat pappien johtajat ja kirjanoppineet ja vanhimmat, sen suuren papin esipihalle, jota kutsutaan nimellä Kaifa.
4. Ja he neuvottelivat Jeshuasta, että saisivat hänet jonkin petoksen kautta otettua kiinni ja tapetuksi.
5. Ja he sanoivat, että ei juhlan aikana, ettei olisi levottomuutta kansassa.
6. Ja kun Jeshua oli Beit-Aniassa, viinin pullottaja Shimeonin talossa,

Garba laittaa viiniä pulloihin, ja sopii "Betanian" sijaintiinkin, Öljymäen viinitarhoihin. Paul Yonan, Bauscher ja Roth menevät Garaba – savenvalaja – mukaan, mutta savenvalajasta on vähän eri sana ainakin targumien puolella. Joka tapauksessa, pitalinen ei oikein sovi sen ajan käytäntöihin. Kaikki kuitenkin kirjoitetaan samalla tavalla, joten periaatteessa mikä

tahansa noista kolmesta nimikkeestä on oikein arameasta luettuna.

7. Häntä lähestyi vaimo, jolla oli mukanaan öljyruukku, hyvin kalliista yrteistä, ja hän vuodatti sitä Jeshuan pään päälle, kun hän lepäsi.

"Lepäsi" voi olla tulkintaakin, sana kun merkitsee ensisijaisesti silmät kiinni olemista.

8. Mutta hänen oppilaansa näkivät sen, ja se vaivasi heitä, ja he sanoivat, "miksi tällainen tuhlaaminen?"
9. Sillä se olisi ollut mahdollista myydä kalliilla, ja olisi ollut köyhille annettavaa.
10. Mutta Jeshua tiesi sen, ja sanoi heille, "miksi te pahoitatte tätä vaimoa? Hän on tehnyt minulle kauniin teon."
11. Sillä köyhät ovat teidän kanssanne aina, mutta minua teillä ei ole aina.
12. Mutta tämä, joka on vuodattanut tämän yrttivoiteen minun ruumiini ylle, on tehnyt sen minun hautaamistani varten.
13. Ja amen, minä sanon teille, että kun tätä minun evankeliumiani julistetaan kaikessa maailmassa, on myös kerrottava tämä asia, hänen muistolleen.
14. Silloin meni yksi niistä kahdestatoista, jota kutsutaan nimellä Jehuda Skariota, papiston johtajien luokse.
15. Ja hän sanoi heille, "mitä te tahdotte antaa minulle, ja minä johdatan hänet teille?" Niin he lupasivat hänelle kolmekymmentä hopearahaa.
16. Ja siitä alkaen hän etsi tilaisuutta johdattaa hänet heille.
17. Mutta happamattoman leivän juhlan ensimmäisenä päivänä tulivat oppilaat Jeshuan luokse, ja sanoivat hänelle, "minne sinä tahdot, että valmistamme sinulle, että saat viettää pääsiäistä?"
18. Mutta hän sanoi heille, "menkää kaupunkiin, erään miehen luokse, ja sanokaa hänelle; meidän rabbimme sanoo, minun aikani on tullut, sinun luonasi minä valmistan pääsiäisen oppilaideni kanssa."
19. Ja hänen oppilaansa tekivät niin kuin Jeshua oli heitä

käskenyt, ja valmistivat pääsiäisen.
20. Ja kun oli ilta, hän aterioi kahdentoista oppilaansa kanssa.
21. Ja kun he olivat aterioimassa, hän sanoi, "amen, minä sanon teille, että yksi teistä pettää minut."
22. Ja se murehdutti heitä suuresti, ja he alkoivat sanomaan hänelle yksi toisensa jälkeen, "Herrani, minäkö?"
23. Mutta hän vastasi ja sanoi, että "joka kastaa kätensä minun kanssani astiassa, on minut pettävä."
24. Ja Ihmisen Pojalle käy, niin kuin on hänestä kirjoitettu, mutta voi sitä miestä, jonka käden kautta Ihmisen Poika petetään! Sille miehelle olisi ollut parempi, jos hän ei olisi syntynytkään!
25. Jehuda, se pettäjä, vastasi ja sanoi, että "rabbi, miksi, minäkö se olen?" Jeshua sanoi hänelle, "sinä sen sanoit."
26. Mutta kun he aterioivat, Jeshua otti sen leivän, ja siunasi ja mursi ja antoi oppilailleen, ja sanoi, "ottakaa, syökää, tämä on minun ruumiini."

Leivän siunauksesta käytetty rukous on hyvin lyhyt, se löytyy siddurista. Kyseinen rukous on niin vanha, ettei kukaan tiedä sen alkuperää, ja oikeastaan siinä siunataan Jumalaa, eikä sitä leipää

27. Ja hän otti maljan, ja kiitti, ja antoi heille, ja sanoi, "ottakaa, juokaa siitä jokainen."
28. Tämä on minun vereni, joka on se uusi liitto, joka monien puolesta vuodatetaan, synneistä vapauttamiseksi.
29. Mutta minä sanon teille, että minä en tästä lähtien juo viinipuun hedelmää, ennen kuin tulee se päivä, kun juon sen teidän kanssanne uutena, minun isäni kuningaskunnassa.
30. Ja he ylistivät, ja lähtivät Öljymäelle.

Ylistyksellä tarkoitetaan tässä Psalmit 114-118.

31. Sitten Jeshua sanoi heille, "tänä yönä te kaikki kompastutte minun kauttani, sillä kirjoitettu on, että minä lyön paimenta ja hänen laumansa lampaat hajaantuvat."

32. Mutta sen jälkeen, kun olen noussut ylös, minä menen teidän edellänne Galileaan.

33. Keefa vastasi ja sanoi hänelle, "vaikka kaikki kompastuisivat sinun kauttasi, minä en kompastu milloinkaan!"

34. Jeshua sanoi hänelle, "amen, minä sanon sinulle, että tänä yönä, ennen kuin kukko kiekuu, sinä kiellät minut kolme kertaa."

35. Keefa sanoi hänelle, "minä tulen kanssasi vaikka kuolemaan, enkä sinua kiellä!" Ja samoin sanoivat myös he kaikki.

36. Sitten Jeshua tuli heidän kanssaan sille paikalle, jota kutsutaan nimellä Gad-Seman, ja hän sanoi oppilailleen, "istukaa täällä, kun minä menen rukoilemaan."

37. Ja hän otti mukaansa Keefan, ja ne kaksi Zebadin poikaa, ja hän alkoi tulla murheeseen, ja ahdistumaan.

38. Ja hän sanoi heille, "minun sieluni on kuolemaan saakka murheessa. Odottakaa minua tässä, ja valvokaa minun kanssani."

39. Ja hän vetäytyi vähän sivummalle, ja lankesi kasvoilleen, ja hän rukoili, ja sanoi, "minun Isäni, jos mahdollista, ohittakoon minut tämä malja. Ei kuitenkaan niin kuin minä tahdon, vaan niin kuin sinä."

40. Ja hän tuli oppilaidensa luokse, ja löysi heidät nukkumasta, ja hän sanoi Keefalle, "ettekö siis voineet yhtä hetkeä valvoa minun kanssani?"

41. Valvokaa ja rukoilkaa, ettette joudu koettelemuksiin. Henki on valmiina, mutta ruumis on heikko.

42. Vielä hän meni toisen kerran rukoilemaan, ja sanoi, "minun Isäni, entä, jos en pystykään tähän maljaan, että sen teen? Mutta jos juon sen - tapahtukoon sinun tahtosi."

43. Ja hän tuli, ja löysi heidät taas nukkumasta, sillä heidän silmänsä olivat raskaat.

44. Ja hän jätti heidät, ja meni vielä kolmannen kerran rukoilemaan, ja sanoi hänelle nämä sanat;
45. Sitten hän tuli oppilaidensa luokse ja sanoi heille, "Nukkukaa nyt, ja levähtäkää, katso, se hetki on tullut, ja Ihmisen Poika annetaan syntisten käsiin."
46. Nouskaa, menkäämme. Katso, hän, joka minut pettää, on tulossa.
47. Ja kun hän oli puhumassa, katso, Jehuda, se pettäjä, yksi niistä kahdestatoista, tuli, ja paljon kansaa miekkojen ja keppien kanssa, papiston johtajien ja kansan vanhimpien luota.
48. Ja Jehuda, se pettäjä, oli antanut heille merkin, ja sanonut, "ottakaa kiinni hänet, jolle minä annan suudelman."
49. Ja samassa hän meni Jeshuan luokse, ja sanoi, "rauhaa, rabbi!" – ja suuteli häntä.
50. Mutta hän, Jeshua, sanoi hänelle, "tätä vartenko sinä olet tullut, ystäväni?" Silloin he tulivat ja asettivat kätensä Jeshuan päälle, ja ottivat hänet kiinni.
51. Ja katso, yksi niistä, jotka olivat Jeshuan kanssa, ojensi kätensä ja veti miekan esiin, ja iski sillä ylipapin palvelijaa, ja leikkasi irti hänen korvansa.
52. Silloin Jeshua sanoi hänelle, "laita se miekka takaisin paikalleen, sillä kaikki nämä, jotka miekan ottavat, miekan kautta kuolevat."
53. Vai etkö ajattele, että enkö minä pystyisi pyytämään Isältäni, ja hän nostattaa minulle heti enemmän kuin kaksitoista legioonaa enkeleitä?
54. Kuinka silloin kirjoitukset täyttyisivät? Sillä näin on pakko tapahtua.
55. Sillä hetkellä Jeshua sanoi sille kansanjoukolle, "niin kuin varkaan päälle te olette tulleet, miekoilla ja kepeillä kiinniottamaan. Kaikki päivät minä olin teidän luonanne temppelissä istumassa, ja opettamassa, ettekä te ottaneet minua kiinni."
56. "Mutta tämä tapahtui, että profeettojen kirjoitukset täyttyisivät." Silloin kaikki oppilaat jättivät hänet ja pakenivat.

57. Ja nämä, jotka kiinniottivat Jeshuan, veivät hänet ylipappi Kaifa'n luokse, minne kirjanoppineet ja vanhimmat olivat kokoontuneena.

58. Mutta Shimeon, Keefa, meni hänen perässään matkan päässä, ylipapin esipihalle saakka, ja istui sinne sisälle vartijoiden kanssa, että näkisi seuraukset.

59. Mutta papiston johtajat ja vanhimmat, ja kaikki siitä kokouksesta, olivat etsimässä Jeshuaa vastaan todistajia, että saisivat hänet tapetuksi.

60. Eivätkä he löytäneet, ja tuli monia valehtelevia todistajia, mutta lopulta tuli kaksi;

61. Ja he sanoivat, "tämä sanoi, että minä pystyn tuhoamaan Jumalan temppelin, ja kolmessa päivässä rakentamaan sen."

62. Ja ylipappi seisoi, ja sanoi hänelle, "etkö vastaa mitään näihin, mistä sinua vastaan todistetaan?"

63. Mutta Jeshua oli hiljaa. Ja ylipappi vastasi ja sanoi hänelle, "minä vannotan sinua elävän Jumalan kautta, että kerrot meille, jos sinä olet hän, se Messias, Jumalan poika!"

64. Jeshua sanoi hänelle, "sinä olet sen sanonut. Mutta minä sanon teille, että tästä lähtien te olette näkevä Ihmisen Pojan, joka istuu voiman oikealla puolella, ja on tuleva taivasten pilvien päällä."

65. Silloin ylipappi repäisi vaatteensa, ja sanoi, "katso, hän pilkkasi Jumalaa. Mihin me nyt todistajia tarvitsemme? Katso, te olette nyt kuulleet hänen pilkkaamisensa."

66. "Mitä te tahdotte?" Siihen vastattiin ja sanottiin, "hän ansaitsee kuoleman."

67. Silloin hänen kasvoilleen syljettiin ja lyötiin, ja toiset pahoinpitelivät häntä.

68. Ja he sanoivat, "profetoi meille, Messias, kuka se on, joka löi sinua!"

69. Mutta Keefa oli istumassa ulkona, esipihassa, ja hänen luokseen tuli yksi palvelijatar, ja hän sanoi hänelle, "sinäkin olit Jeshua Natsarian kanssa."

70. Mutta hän kielsi heidän kaikkien edessään, ja sanoi,

"minä en tiedä, mitä sinä puhut."
71. Ja kun hän lähti eteiseen, hänet näki orjatar, ja hän sanoi heille, että "myös tämä oli siellä Jeshua Natsarian kanssa."
72. Ja taas hän kielsi, valan kautta, että "minä en tunne sitä miestä."
73. Mutta vähän sen jälkeen tulivat nämä, jotka olivat seisomassa, ja he sanoivat Keefalle, "on varmaa, että myös sinä olet yksi heistä, sillä puhetapasikin paljastaa sinut."
74. Silloin hän alkoi kiroamaan ja vannomaan, että "minä en tunne sitä miestä!" – Ja sillä hetkellä kukko kutsui.

"Kukon kutsuminen" tarkoitti, että kello on viisi aamulla, ja Jerusalemissa kuuluu kutsu ensimmäiseen aamurukoukseen.

75. Ja Keefa muisti sen Jeshuan sanan, kun hän sanoi hänelle, että ennen kuin kukko kutsuu, sinä kolmesti minut kiellät. Ja hän lähti ulos, itkien katkerasti.

27. luku

1. Mutta kun oli aamu, he kaikki, papiston johtajat ja kansan vanhimmat, pitivät Jeshuaa vastaan neuvottelua, että hänet tappaisivat.
2. Ja he sitoivat hänet, ja veivät hänet pois ja luovuttivat hänet hallitusmies Pilatukselle.
3. Silloin Jehuda, se pettäjä, nähdessään, että Jeshua sidottiin, katui, ja meni ja vei ne kolmekymmentä hopearahaa papiston johtajille ja vanhimmille.
4. Ja hän sanoi, "minä tein syntiä, kun petin viattoman veren." Mutta nämä sanoivat hänelle, "omapa on ongelmasi!"
5. Ja hän heitti sen rahan temppeliin, ja meni pois, ja hirttäytyi.
6. Mutta papiston johtajat ottivat sen rahan ja sanoivat, "ei ole luvallista laittaa sitä lahjataloon, koska se on veren hinta."

Korban on lahja, käytetään yleensä "uhrilahja"-merkityksessä. Beit Korbana, **temppelin "rahasto".**

7. Ja he neuvottelivat, ja ostivat sen kautta savenvalajan pellon, muukalaisten hautaholveja varten.

8. Tämän tähden sitä peltoa kutsutaan nimellä "Kritha d'Damma", tähän päivään saakka.

9. Silloin täyttyi se, mitä oli sanottu sen profeetan kautta, joka sanoo, että "minä otin ne kolmekymmentä hopearahaa, sen kalliin hinnan, joka oli sovittu Israelin lapsista."

10. Ja minä annoin ne savenvalajan pellolle, niin kuin Herra minulle käski.

11. Mutta Jeshua seisoi hallitusmiehen edessä, ja se hallitusmies kysyi häneltä, ja sanoi hänelle, "oletko sinä se juutalaisten kuningas?" Jeshua sanoi hänelle, "sinä sen sanoit."

Tällaisissa lauseissa tulevat aramean lauseen käännösvaihtoehdot esiin, kun Pilatuksen lauseen voi kääntää myös "Sinä olet se juutalaisten kuningas", jolloin kysymys onkin toteamus, sama edellisessä luvussa. Siksi Jeesus vastaa tällä tavalla.

12. Ja kun pappien johtajat ja vanhimmat olivat häntä syyttäneet, hän ei antanut mitään vastausta.

13. Sitten Pilatus sanoi hänelle, "etkö ole kuullut, kuinka paljon he todistavat sinua vastaan?"

14. Eikä hän antanut hänelle vastausta, ei yhdelläkään sanalla, ja hän ihmetteli tätä suuresti.

15. Mutta jokaisessa juhlassa oli tapana, että hallitusmies vapauttaa kansalle yhden sellaisen vangin, jonka he tahtoivat.

16. Mutta heillä oli vangittuna kuuluisa vanki, jota kutsuttiin nimellä Bar-Abba.

17. Ja kun he olivat kokoontuneet, Pilatus sanoi heille, "kenet te tehdotte, että minä vapautan teille? Bar-Abba vai Jeshua, jota kutsutaan Messiaaksi?"

18. Sillä Pilatus tiesi, että he olivat johdattaneet hänet kateudesta.

19. Mutta kun hallitusmies istui tuomioistuimellaan, lähetti hänen vaimonsa hänelle sanan, ja sanoi, "älä tee hänelle mitään, hän on vanhurskas, sillä minä olen tä-

nään unessa kärsinyt paljon hänen tähtensä."
20. Mutta papiston johtajat ja vanhimmat olivat taivuttaneet kansan vapauttamaan Bar-Abba, mutta tuhoamaan Jeshuan.
21. Ja hallitusmies vastasi ja sanoi heille, "kenen te tahdotte, että minä teille vapautan näistä kahdesta?" Mutta he sanoivat, "Bar-Abba!"
22. Pilatus sanoi heille, "ja mitä minä teen Jeshualle, jota kutsutaan Messiaaksi?" He kaikki sanoivat hänelle, "ristiinnaulittakoon!"
23. Hallitusmies sanoi heille, "mitä pahaa hän on tehnyt?" Mutta nämä huusivat enemmän, ja sanoivat, "ristiinnaulittakoon!"
24. Mutta kun Pilatus näki, että mikään ei hyödyttänyt, vaan meteli lisääntyi, hän otti vettä, pesi kätensä sen kansanjoukon silmien edessä ja sanoi, "tietäkää, että minä olen vapaa tämän vanhurskaan verestä!"
25. Ja kaikki kansa vastasi ja sanoi, "olkoon hänen verensä meidän ja meidän lastemme päällä."

26. Silloin hän vapautti heille Bar-Abban, ja määräsi Jeshuan ruoskittavaksi ja johdatettavaksi ristille.
27. Sitten sen hallitusmiehen sotilaat hakivat Jeshuan Pretorioniin, ja kokosivat hänen ympärilleen koko armeijan.
28. Ja he riisuivat hänet, ja pukivat hänet punaiseen viittaan.

Väri on sama kuin Heb.9:19 ja punaisen lehmän lankaväri, 4. Moos. 19: 6.

29. Ja he valmistivat orjantappurasta kruunun, ja asettivat sen hänen päähänsä, ja oikeaan käteensä ruokosauvan, ja kumartuivat polvilleen hänen edessään, ja pilkkasivat häntä ja sanoivat, "shalom, juutalaisten kuningas!"
30. Ja he sylkivät hänen kasvoilleen, ja ottivat sen sauvan ja löivät sillä hänen päätään.
31. Ja kun he olivat pilkanneet häntä, he riisuivat häneltä sen viitan ja pukivat hänen omiin vaatteisiinsa, ja

johdattivat hänet ristiinnaulittavaksi.

32. Ja kun he menivät, he löysivät erään kyreneläisen miehen, jonka nimi oli Shimeon; hänet he pakottivat kantamaan hänen ristiään.

33. Ja he tulivat sille paikalle, jota kutsutaan Gagoltha, joka käännetään pääkalloksi.

Öljymäen rinteellä, "punaisen lehmän" polttopaikalla, paikka oli nimetty ensimmäisen ihmisen, Adamin, pääkallon / hautapaikan mukaan. Karkaftha mainitaan myös sefardijuutalaisten ikivanhassa "profeetta Elian avaus" –rukouksessa.

34. Ja hänelle annettiin juotavaksi etikkaa, johon oli sekoitettu sappea, ja hän maistoi sitä, eikä tahtonut juoda siitä.

35. Ja kun hänet oli ristiinnaulittu, he jakoivat hänen vaatteensa arvalla.

36. Ja he istuivat, ja vartioivat häntä siellä.

37. Ja hänen päänsä päälle laitettiin hänen kuolemansa syy, kirjoitettuna, "tämä on Jeshua, juutalaisten kuningas."

38. Ja hänen kanssaan ristiinnaulittiin kaksi mellakoitsijaa, yksi oikealle puolelleen ja yksi vasemmalle.

39. Mutta ne, jotka kulkivat siitä ohi, halveksivat häntä ja ravistelivat päätään.

40. Ja he sanoivat, "...tuhoaa temppelin ja rakentaa sen kolmessa päivässä! Pelasta oma sielusi, jos olet Jumalan poika, ja tule alas sieltä ristiltä!"

41. Samoin myös papiston johtajat olivat pilkkaamassa, kirjanoppineiden ja vanhimpien ja fariseusten kanssa.

42. Ja he sanoivat, "toisia hän pelasti, eikä pysty itseään pelastamaan! Jos hän on Israelin kuningas, laskeutukoon nyt alas ristiltä, ja me uskomme hänen kauttaan."

43. Pelastakoon hänet nyt Jumala, johon hän turvasi, jos tahtoo, sillä hän on sanonut, että "minä olen Jumalan poika".

44. Samoin myös ne kapinalliset, jotka olivat hänen kanssaan ristiinnaulittuja, kiusasivat häntä.

45. Mutta kaken maan yllä oli pimeys, kuudennesta hetkestä yhdeksänteen hetkeen saakka.
46. Ja yhdeksännen hetken aikoihin Jeshua huusi kovalla äänellä, ja sanoi, "Jumalani, Jumalani, miksi minut hylkäsit?"
47. Mutta osa niistä siellä seisoskelevista ihmisistä sanoi sen kuulleessaan, "tämä kutsui Eliaa."
48. Ja siinä hetkessä yksi heistä juoksi, ja otti sienen ja täytti sen etikalla, ja asetti sen keppiin ja antoi hänelle juotavaksi.
49. Mutta muut sanoivat, "antakaa hänen olla, katsotaan, tuleeko Elia häntä pelastamaan".
50. Mutta hän, Jeshua, huusi taas, kovalla äänellä, ja antoi henkensä.
51. Ja samassa se temppelin esirippu repesi kahtia, ylhäältä alas asti, ja maa järisi ja kalliot halkeilivat.
52. Ja haudat avautuivat, ja monien nukkuvien pyhien ruumiita nousi ylös.
53. Ja he tulivat ulos, ja hänen ylösnousemuksensa jälkeen he menivät sisälle siihen pyhään kaupunkiin, ja näyttäytyivät monille.
54. Mutta se sadanpäämies, ja jotka hänen kanssaan vartioivat Jeshuaa, kun näkivät sen maanjäristyksen, ja nämä, mitä tapahtui, olivat hyvin peloissaan ja he sanoivat, "todellakin, tämä oli Jumalan poika!"
55. Mutta siellä oli myös monia naisia, jotka näkivät tämän vähän matkan päästä, niitä, jotka olivat tulleet Jeshuan perässä Galileasta, ja olivat häntä palvelleet.
56. Yksi heistä oli Mirjam Magdalitha, ja Mirjam, Jakobin ja Josen äiti, ja Zebadin poikien äiti.
57. Mutta kun oli ilta, tuli Ramtha'sta eräs rikas mies, jonka nimi oli Josef, joka myös oli ollut Jeshuan oppilaana.
58. Tämä meni Pilatuksen luokse, ja kysyi Jeshuan ruumista. Ja Pilatus käski, että ruumis annetaan hänelle.
59. Ja Josef otti sen ruumiin, ja kääri sen puhtaaseen kangasvaatteeseen.
60. Ja hän laittoi sen uuteen hautaan, joka oli hänen omansa, kallioon kaivettu, ja

he vierittivät valtavan kiven sen haudan suuaukon eteen, ja he lähtivät pois.

61. Mutta siellä oli Mirjam Magdalitha, ja se toinen Mirjam, jotka istuivat vastapäätä sitä hautaa.

62. Mutta seuraavana päivänä, joka oli auringonlaskun jälkeen, kokoontuivat papiston johtajat ja fariseukset Pilatuksen luokse.

63. Ja he sanoivat hänelle, "herramme, me muistamme, että tuo eksyttäjä sanoi silloin, kun hän eli, että kolmen päivän jälkeen minä nousen."

64. Sen tähden, käske vartioimaan sitä hautaa kolmanteen päivään saakka, etteivät hänen oppilaansa tulisi varastamaan sitä yöllä, ja sanoisi kansalle että "hän on noussut kuolleista", ja viimeinen eksytys olisi pahempi kuin se ensimmäinen.

65. Pilatus sanoi heille, "tässä on teille vartijoita, menkää, vartioikaa niin kuin parhaaksi näette."

66. Mutta he menivät vartioimaan hautaa ja sinetöimään sen kiven, vartijoiden kanssa.

28. luku

1. Mutta sapatin päättyessä, joka oli viikon ensimmäisen päivän aamu, tuli Mirjam Magdalitha, ja se toinen Mirjam, että näkisivät sen haudan.

2. Ja katso, oli suuri maanjäristys, sillä Herran enkeli laskeutui taivaista, ja tuli vierittämään sen kiven suuaukolta, ja hän istui sen päälle.

3. Mutta sen olemus oli kuin salama, ja vaatteensa valkoiset kuin lumi.

4. Ja nämä, jotka olivat vartioimassa, vapisivat hänen pelostaan, ja he olivat kuin kuolleet.

5. Mutta se enkeli vastasi ja sanoi naisille, "älkää pelätkö, sillä minä tiedän, että te etsitte Jeshuaa, joka oli ristiinnaulittu."

6. Hän ei ole täällä, sillä hän on noussut, aivan kuten hän sanoi. Tulkaa, katsokaa sitä paikkaa, johon meidän Herramme oli laitettu.

7. Ja menkää nopeasti, sanokaa hänen oppilailleen, että hän on noussut kuolleista, ja katso hän menee teidän edellänne Galileaan, siellä te

näette hänet. Katso, minä sanoin sen teille!

8. Ja he menivät haudalta nopeasti, peloissaan ja valtavalla ilolla, ja juoksivat kertomaan hänen oppilailleen.

9. Ja katso, Jeshua tuli heitä vastaan ja sanoi heille, "rauha teille!" Mutta he tulivat, tarttuivat hänen jalkoihinsa ja kumarsivat häntä.

10. Sitten Jeshua sanoi heille, "älkää pelätkö, vaan menkää sanomaan minun veljilleni, että menevät Galileaan, ja siellä he saavat nähdä minut."

11. Mutta kun he menivät, tuli osa niistä vartijoista kaupunkiin, ja he kertoivat papiston johtajille kaiken, mitä oli tapahtunut.

12. Ja he kokoontuivat vanhimpien kanssa, ja neuvottelivat, ja antoivat niille vartijoille melko paljon rahaa.

13. Ja he sanoivat heille, "sanokaa, että hänen oppilaansa tulivat yöllä varastamaan sen, kun me nukuimme."

14. Ja jos tästä ilmoitetaan hallitusmiehen edessä, me kyllä taivuttelemme hänet ja teidät helposti. Sen me teemme!

15. Mutta he ottivat rahat, ja tekivät niin kuin heitä oli opetettu, ja tämä kertomus on levinnyt juutalaisten keskuudessa aina tähän päivään saakka.

16. Mutta ne yksitoista oppilasta menivät Galileaan, sille vuorelle, missä Jeshua oli heidät tavannut.

17. Ja kun he näkivät hänet, he kumarsivat häntä. Mutta osa heistä oli kauempana.

18. Ja Jeshua tuli puhumaan heidän kanssaan, ja hän sanoi heille, "minulle on annettu kaikki käskyvalta taivaissa ja maan päällä, ja samoin kuin minun isäni lähetti minut, minä lähetän teidät."

19. Sen tähden, menkää, opettakaa kaikki kansat, ja kastakaa heidät isän nimessä, ja pojan ja pyhyyden hengen.

Loppu "ja kastakaa..." puuttuu kokonaan suuresta osasta käsikirjoituksia, muissakin kuin arameassa, mutta koska se on tässä ja Codex Khabouris, en ota it-

selleni valtuuksia muutella tekstiä. Eusebiuksen mukaan jakeen loppu "kastakaa heidät minun nimeeni".

20. Ja opettakaa heitä noudattamaan kaikkea, mitä minä olen teille käskenyt. Ja katso, minä olen teidän kanssanne joka päivä maailman loppuun saakka. Amen.

LÄHTEET

Critical Text 1920

KÄYTETYT LYHENTEET

Tg - Targum (Arameankielinen Tanach, eli Vanha Testamentti)
Kr38 - Kirkkoraamattu 1933/38
RK - Raamattu Kansalle
KJV - King James Version

www.ingramcontent.com/pod-product-compliance
Lightning Source LLC
Chambersburg PA
CBHW051133160426
43195CB00014B/2457